FACULTÉ DE DROIT DE PARIS.

THÈSE

POUR

LE DOCTORAT

SOUTENUE

par

Constantin BOÉRESCO,

AVOCAT.

PARIS,

CHARLES DE MOURGUES FRÈRES, SUCCESSEURS DE VINCHON,

Imprimeurs-Éditeurs de la Faculté de Droit de Paris,

RUE JEAN-JACQUES-ROUSSEAU, 8.

—

1861.

ALLAIN. SC

FACULTÉ DE DROIT DE PARIS.

THÈSE

POUR LE DOCTORAT.

L'acte public sera soutenu le jeudi 9 janvier 1862,
à une heure et demie,

Par CONSTANTIN BOÉRESCO, né à Bukarest
(Principautés-Unies).

Président : M. DUVERGER, Professeur.

Suffragants :	MM. PELLAT, ORTOLAN, COLMET-DAAGE,	Professeurs.
	LABBÉ,	Agregé.

Le Candidat répondra aux questions qui lui seront faites sur les autres matières de l'enseignement.

PARIS,
CHARLES DE MOURGUES FRÈRES, SUCCESSEURS DE VINCHON,
IMPRIMEURS-ÉDITEURS DE LA FACULTÉ DE DROIT DE PARIS,
Rue J.-J. Rousseau, 8

1861

A LA MÉMOIRE

DE MON PÈRE ET DE MA MÈRE.

A MON FRÈRE.

DROIT ROMAIN.

DES CONDITIONS ET DES FORMES NÉCESSAIRES POUR LA VALIDITÉ DU MARIAGE.

CHAPITRE PREMIER.

Le mariage est une des plus puissantes institutions que nous trouvions à Rome. Il fut, de très-bonne heure, intimement lié à l'ordre politique et religieux de l'État, qui trouvait sa plus forte garantie dans la constitution de la famille, et dont le mariage est la véritable base. Aussi cette institution reçut-elle une organisation appropriée à l'importance d'un tel rôle.

Voyons d'abord ce que les Romains entendent par le mariage, et quelle en est la forme, avant d'examiner comment il a été réglementé.

I. *Définition du mariage.* — Nous avons deux définitions du mariage : l'une de Modestin, l'autre de Justinien, qui correspondent au génie de deux époques différentes, et que nous allons examiner séparément.

D'après Modestin, le mariage, *nuptiæ,* est l'union de l'homme et de la femme, union qui emporte le *consortium omnis vitæ*, et qui rend communs entre eux les droits divins et humains, *divini et humani juris communicatio* (L. 1, D., *De ritu nuptiarum*).

Le droit romain ne reconnaît qu'une seule espèce de mariage, qui s'appelle indifféremment *nuptiæ, matrimonium.* D'après le sens étymologique, il serait permis de penser que le mot *nuptiæ* (de *nubere*, se voiler) se réfère aux cérémonies du mariage, et que le mot *matrimonium* s'applique seul au contrat qui le constitue définitivement; mais, dans le langage des jurisconsultes, ces deux mots sont indistinctement employés l'un pour l'autre, et la différence qu'on voudrait établir entre eux est repoussée par les textes les plus formels (1).

Ce mariage était exclusivement réservé aux hommes libres et aux citoyens. Il s'appelait *justum matrimonium, justæ nuptiæ*, par opposition au mariage *injustum* ou *non legitimum* (2). Cependant la qualité générale de citoyen et de personne libre n'était pas suffisante pour les *nuptiæ justæ*, *legitimæ*; d'autres conditions, que nous verrons plus tard, étaient encore nécessaires (3).

Le droit romain reconnaît pourtant le mariage que

(1) Dig., L. 1, 3, 10, 11, 12, § 1 ; et L. 16, *De rit. nupt.;* L. 11, *De spons.;* L. 15, *De cond. et dem.;* L. 30, *De reg. jur.* — (2) D., L. 24, *De st. hom.;* L. 13, § 1, *ad leg. Jul. De ad.;* L. 37, § 2, *Ad municip.* — (3) Ulp., *Reg.* 5, § 2, sq.

les étrangers, *peregrini*, contractent entre eux, ou qu'un citoyen contracte avec une étrangère, et il s'occupe de déterminer la condition des enfants qui en naissent (1); mais les effets d'un pareil mariage sont réglés conformément au droit des gens (*jus gentium*), et, pour pouvoir prétendre à ceux qui étaient attachés au *justum matrimonium*, il fallait que l'étranger obtînt la qualité de citoyen en vertu d'une concession expresse (2).

L'union des esclaves, appelée *contubernium*, était abandonnée au pur droit naturel : la loi ne s'en occupait que pour établir certains empêchements au mariage après l'affranchissement, ou pour déterminer la condition des enfants nés d'un esclave et d'une personne libre (3).

Le *concubinatus* n'était pas considéré à Rome comme une seconde espèce de mariage, ainsi que l'a cru Pothier (4). Anciennement, la pureté des mœurs, qui dominait au foyer domestique, en avait empêché l'introduction; ce ne fut qu'à la fin de la République que la loi Julia le reconnut formellement. Cette reconnaissance n'eut pas pour but de faire du concubinat une institution rivale du mariage, quoique inférieure, mais seulement de l'affranchir des peines applicables à l'*adulterium* ou au *stuprum* (5). Du reste, aucune analogie n'existe entre le concubinat et le mariage, si ce n'est celles qui résultent nécessairement de la nature même des choses. Comme le mariage, le concu-

(1) Gaïus, 1, § 92 à 94. — (2) Ulp., *Reg.* 5, § 4. — (3) Gaïus, 1, §§ 84, 85. — (4) *Contrat de mariage*, n°s 6 et 7. Aj. Ducaurroy, *Inst.*, n°s 113 et 116. — (5) D., L. 3, *De concub.*

binat ne peut avoir lieu qu'entre deux personnes de sexe différent, et il est défendu d'avoir en même temps deux concubines, ou une épouse et une concubine (1). Le législateur, tolérant le concubinat, devait forcément assigner des limites à la corruption. Les bonnes mœurs exigèrent également la prohibition du mariage entre une concubine et certains parents ou alliés de l'autre (2). Mais, abstraction faite de ces similitudes, nous ne trouvons plus aucun point de contact. Le mariage forme la famille, il engendre la puissance maritale et la puissance paternelle (3); il crée des devoirs réciproques entre l'homme et la femme; il élève celle-ci à la hauteur de son époux, dont elle partage les honneurs et les dignités (4), et lui donne le titre honorable d'*uxor* ou de *materfamilias* (5). Le concubinat ne produit aucun de ces résultats; il dégrade au contraire la femme, car on ne peut avoir, en général, pour concubines, que des affranchies, des esclaves ou des femmes de mauvaises mœurs (6). La femme ingénue et honnête qui vit avec un homme est censée avoir contracté mariage, et il faudrait qu'elle manifestât publiquement son abaissement pour être regardée comme concubine; autrement, on doit l'épouser, sous peine de laisser considérer cette union comme un *stuprum* (7), et de se rendre ainsi incapable de se marier avec un ingénu ou un sénateur (8).

Il est donc inexact de voir dans le concubinat une es-

(1) C., L. unique, *de concub.*; Paul, *Sent.*, 2, 20. — (2) D., L. 56, *De rit. nup.*; L. 1, § 1, 3; et L. 3, *De concub.*— (3) Ulp., *Reg.* 5, § 1 à 3.— (4) D., L. 1, § 1, et L. 9, *De senat.*; C., L. 9, *De inc. et ubi quis.* — (5) Cic., *Top.*, c. 3. — (6) D., L. 3, pr., *De concub.* — (7) D., L. 3, pr., *eod.*; L. 24. *De rit. nup.*; — (8) D., L 43 et 44, § 8, *eod.*

pèce de mariage, puisqu'il n'a aucun des effets qui caractérisent ce dernier (1).

Les effets du mariage, relativement à la femme, étaient plus ou moins rigoureux, selon qu'elle se trouvait ou non *in manum mariti*. Lorsque la convention *in manum* n'avait pas eu lieu, la femme, quoique mariée, continuait d'être sous la puissance de son père, d'avoir ses propres dieux domestiques, et des biens complétement séparés du patrimoine de son mari, si elle était *sui juris*. Celui-ci avait sur elle seulement le pouvoir que le *jus gentium* lui reconnaissait pour exercer son autorité maritale, et devant lequel le père de la femme devait fléchir (2).

Pour que la femme pût tomber *in manum mariti*, il fallait l'emploi de certaines cérémonies, la *confarreatio*, la *coemptio*, ou la possession annale, l'*usus* (3). La femme devenait alors comme la fille de son mari, *filiasfamilias* (4), et la sœur de ses propres enfants et de ceux que son mari avait d'une autre union (5). Tous ses rapports juridiques et religieux avec son ancienne famille étaient rompus. Les biens qu'elle pouvait avoir

(1) L'intention des Romains de ne pas considérer le concubinat comme une *espèce de mariage* nous semble encore ressortir de cette circonstance que les donations, défendues entre époux, étaient permises entre concubins (D., L. 3, § 1, *De don. int.*) si bien qu'elles ne pouvaient être révoquées, alors même que le concubinat était transformé ensuite en un véritable mariage (D., L. 31, pr. *De donat.*). La loi 2, C., *De int. vir.*, fait, il est vrai, une exception quand il s'agit de la concubine (*focaria*) d'un soldat; mais il y a là une *faveur* spéciale. Du reste, il est probable, comme le remarque M. de Savigny (*Traité du droit rom.*, 4, § 162, 5, note *b*), que la nullité de la donation, dans ce cas particulier, provenait d'un défaut de forme. — (2) D., L. 2, *De lib. exhib.* — (3) Gaïus, 1, §§ 110 à 113. — (4) §§ 111 et 115 *b*, *eod.* — (5) Gaïus, 2, § 14.

avant son mariage, les acquisitions qu'elle réalisera par la suite, appartiendront à son époux (1), mais les droits qu'elle a perdus dans son ancienne famille, elle les retrouvera dans celle qu'elle s'est créée (2). Son père, si elle était sous sa puissance, a perdu toute son autorité, et les dieux domestiques de son mari sont devenus ses propres dieux (3). La *communicatio divini juris et humani*, dont nous parle Modestin, est, dans ce cas, comme on le voit, complète entre l'homme et la femme.

Mais il faut remarquer que cela ne pouvait plus avoir lieu du temps de Modestin; car nous voyons dans Tacite (4) que déjà sous Tibère le mariage avec *manus* était tombé en désuétude. La *communicatio divini et humani juris* se réfère donc à l'ancien droit, et seulement au mariage accompagné de *manus*. Il est possible cependant que Modestin ait employé ces expressions dans le sens large que leur donne Cicéron, lorsqu'il dit que l'amitié est la *consensio divinarum et humanarum rerum* (5). Le jurisconsulte a voulu probablement indiquer, d'une manière figurée, cette communauté de vie, d'intérêts, de croyances, que le mariage établit entre l'homme et la femme.

La définition de Modestin porterait à regarder le mariage comme indissoluble, comme emportant une union qui devait durer toute la vie des époux, *consortium* OMNIS VITÆ. Il est impossible cependant d'interpréter de cette façon la pensée du jurisconsulte. La faculté de divorcer a toujours été reconnue à Rome; elle est écrite dans la

(1) Gaïus, 2, § 86. — (2) Gaïus, 3, § 3. — (3) Heineccius, *Antiq. rom.*, *De nupt.*, § 4, 6. — (4) *Ann.*, 4, 16. — (5) Poth., *Pand.*, L. 23, t. 2, nº 1, not. 1.

loi des Douze-Tables (1) et paraît même remonter à Romulus (2). L'indissolubilité du mariage n'a été proclamée à aucune époque, et, si l'histoire ne nous rapporte qu'un seul exemple de divorce pendant les cinq premiers siècles de Rome (3), cela tient seulement à la parfaite pureté des mœurs et à la discipline rigoureuse qui dominait dans les anciennes familles. A la fin de la république, le principe *libera sunt matrimonia* est même formellement proclamé (4), car, à cette époque, la durée des mariages ne dépassait guère celle d'un consulat (5). Le *consortium omnis vitæ* de Modestin a donc la même signification que l'*individuam vitæ consuetudinem* de Justinien, dont nous allons parler.

Le mariage, selon Justinien, est l'union de l'homme et de la femme, entraînant le devoir de vivre dans une communauté indivisible, *individuam vitæ consuetudinem continere* (6).

Le mariage, *nuptiæ*, *matrimonium*, continue d'avoir sous Justinien la même signification que du temps de Modestin ; mais Justinien ne fait plus aucune allusion à la *communicatio divini et humani juris;* la *manus* est à peine un souvenir historique, et les Pénates ont disparu avec le paganisme.

Les derniers mots qui terminent la définition de Justinien ne font, pas plus que les expressions de Modestin, allusion à l'indissolubilité du mariage; ils n'ont pour but que de distinguer cette institution du concubinat.

(1) Cicér., *Phil.*, 2; *De orat.* 1, 40. — (2) Plutarq., *Romul.* — (3) Aul. Gel., 4, 3; 17, 21. — (4) C., L. 2, *De inut. stip.*; — (5) Sénèq., *De benef.*, 3, 16; Juvénal, *Sat.* 6, v. 239. — (6) Inst., § 1, *De pat. pot.*

Quoique reconnu législativement par la loi Julia, le concubinat plaçait la femme, comme nous l'avons dit, dans une position bien inférieure. La femme dans ce cas était ordinairement présumée de mauvaises mœurs et d'une basse condition (1). Elle n'était point *uxor*, ne participait pas au rang et aux honneurs de l'homme avec qui elle vivait, et celui-ci n'avait pas pour elle l'*affectio maritalis* (2). L'existence de la femme légitime, au contraire, se confondait, pour ainsi dire, avec celle de son époux. Celui-ci partageait avec elle tous les honneurs, lui communiquait sa condition, et avait pour elle l'affection maritale. C'est à cause de cette égalité de l'homme et de la femme, de cette dignité que l'épouse trouvait dans le mariage, que les *justæ nuptiæ* emportaient pour les époux, contrairement au concubinat, le devoir d'avoir une existence *indivisible*.

—Remarquons que les Romains, définissant le mariage, le présentent non comme un contrat, mais comme une union, *conjunctio maris et feminæ*. Il est vrai que le mariage établit des rapports de personne à personne; que dans une foule de textes nous trouvons les expressions : *nuptias contrahere* (3), *sponsalia consensu contrahentium fiunt* (4), et que le mariage peut entrer dans la définition générale que donne Paul des conventions (5). Cependant, si l'élément essentiel, la volonté réciproque des parties, se rencontre ici comme dans tout contrat, il est certain que les Romains ne rangent pas le mariage parmi les quatre classes de contrats qu'ils reconnaissent;

(1) D., L. 3, pr. *De concub.*— (2) Inst., § 2, *De her. quæ ab intest.* — (3) D., L. 3, 10, 11, 12, § 1, *De rit. nup.* — (4) D., L. 11, *De spons.* — (5) « Pactio est duorum pluriumve in unum placitum consensus. » D., L. 1, § 2, *De pactis.*

ils ne nous le représentent nulle part comme une espèce de contrat de société, ainsi que l'ont cru Doneau (1) et Langsdrof (2).

Il ne faudrait cependant pas conclure de ce que nous venons de dire que les règles générales des contrats ne sont jamais applicables au mariage ; il en est au contraire qui lui sont communes, comme les règles relatives à l'âge des parties, à la violence. Mais, cette analogie établie, il faut reconnaître que jamais dans la phraséologie romaine les mots *pactio*, *pactum*, *conventio*, n'ont été appliqués au mariage. Nous nous servirons pourtant, dans ce travail, du mot *contrat*, mais sans y attacher la signification que lui attribuait le droit romain.

II. *Formes du mariage.* — Le droit romain considère le mariage comme un acte purement privé. Aucune loi ne s'occupe de sa célébration, et l'intervention de l'autorité publique n'est pas nécessaire pour sa formation.

Cependant les mœurs et la religion suppléèrent à cette lacune du droit civil, et assurèrent au mariage une publicité assez grande. Anciennement, après que les auspices avaient été consultés, la fiancée était conduite le soir dans la maison de son mari par des enfants vêtus de la robe prétexte; arrivée à la porte du fiancé, laquelle était ornée de branches d'arbres, la future épouse, après plusieurs cérémonies, prenait part avec ses compagnes à un festin de réjouissance; le lendemain, un nouveau festin avait lieu, et la nouvelle mariée recevait les présents de ses parents et de ses amis (3).

(1) *Comm. jus civ.*, liv. 13, cap. 21. — (2) *De pact. et contr. rom.*, 4, § 73. — (3) B. Brisson donne d'intéressants détails sur ces cérémonies; Pothier en a fait un extrait, *Pand.* liv. 23, tit. 2, *App.*

Lorsque le mariage était accompagné de la *manus*, d'autres circonstances contribuaient à augmenter cette publicité. Pour la *confarreatio*, il fallait, en effet, prononcer certaines paroles en présence de dix témoins, et faire un sacrifice dans lequel on employait un pain de froment (1) ; le chef des pontifes et le flamine de Jupiter pouvaient seuls en être les ministres (2). La *coemptio* était une vente simulée, *venditio imaginaria*, qui se faisait en présence de cinq témoins, d'un porte-balance (*libripens*), de la femme et de celui sous la *manus* duquel elle passait (3). Ces deux manières d'acquérir la *manus* pouvaient avoir lieu au moment même de la célébration du mariage, ou après. Quant à la possession, *usus*, elle supposait un mariage déjà existant : le mari, en l'absence de la confarréation ou de la coemption, acquérait la puissance maritale s'il continuait de posséder sa femme sans interruption pendant un an (4). Un laps de temps suffisant s'écoulait par conséquent avant que la femme *sui juris* ou *alieni juris* passât sous la *manus* de son époux, et modifiât ainsi ses anciens rapports de droit.

Mais ces cérémonies n'ont aucun caractère obligatoire : la loi n'en fait pas un élément constitutif du mariage, qui conserve, en leur absence, toute son efficacité (5).

Faut-il en conclure que le mariage est un contrat purement consensuel? Il est d'abord certain que la cohabi-

(1) Gaïus, 1, § 112.; Ulp., *Fragm.*, tit. 9. — (2) Le mariage avec confarréation était le seul permis aux pontifes qui voulaient se marier (Poth., *Pand.*, liv. 1., tit. 6, n° 10. — (3) Gaïus, 1, § 113. — (4) Gaïus, 1, § 111 ; Aulu-Gelle, *Nuits att.*, 3, 2. — (5) C., L. 22, *De nuptiis*.

tation n'était pas considérée comme essentielle au mariage; les textes sont formels sur ce point (1) : *Nuptias non concubitus, sed consensus facit*, nous dit Ulpien (2).

Mais si on n'exige pas la cohabitation, il ressort évidemment de l'ensemble des textes sur la matière qu'il fallait autre chose que la seule volonté des parties pour la perfection du mariage. Les contrats purement consensuels peuvent se conclure même entre absents, par lettre ou par messager (3), tandis que la femme ne peut pas contracter mariage, si elle est absente, par rapport au domicile de son futur époux. Que si, au contraire, l'homme est absent et la femme présente, rien ne s'oppose à ce que le mariage soit conclu par lettre ou par message, si la future est conduite dans la maison du mari, considérée comme le domicile conjugal (4). Une constitution insérée au Code nous dit également que, si le fiancé a fait une donation à sa future et qu'elle ait été acceptée par celle-ci dans sa propre maison, la donation sera censée faite avant le mariage (5).

Ainsi, alors même qu'aucun doute ne pourrait s'élever sur l'intention des époux, le mariage n'est pas encore formé, si un certain fait ne vient s'y joindre. Ce fait, c'est la *deductio*, la mise de la femme en la disposition de celui qu'elle veut prendre pour mari. La *deductio* a beaucoup d'analogie avec la tradition, et elle s'opère de la même manière. La tradition se fait, soit par un déplacement de la chose pour les objets qui en sont susceptibles, soit par le seul consentement des parties pour ceux qui ne peu-

(1) D., L. 7, *De rit. nupt.* — (2) D., L. 30, *De reg. juris*; L. 15, *De cond. et demon.* — (3) Gaïus, 3, § 136; Inst., 3, tit. 22. — (4) Paul, *Sent.*, 2, 19, § 8; D., L. 5 et 6, *De rit. nupt.* — (5) C., L. 6, *De donat. ante nupt.*

vent pas être changés de place (1), soit de toute autre manière, par un dépôt ou autrement, pourvu que le créancier puisse disposer de la chose (2), et qu'il ait, dans tous les cas, consenti à ce que la tradition fût faite (3). Ces règles s'appliquent à la *deductio :* que la femme soit conduite au domicile de son mari, ou que les futurs époux soient l'un en présence de l'autre, la *deductio* aura lieu du moment que cela ressortira de l'intention des parties. L'intention de contracter mariage, ainsi que le fait par suite duquel la femme est mise en la disposition de son époux, la *deductio*, sont aussi nécessaires l'un que l'autre, et le mariage ne saurait exister sans leur concours simultané. Plusieurs textes viennent à l'appui de cette thèse; d'autres paraissent contradictoires ; examinons-les rapidement.

Et d'abord, un fragment de Julien nous dit : *Sponsalia, sicut nuptiæ, consensu contrahentium fiunt* (4), et la même idée se trouve exprimée dans d'autres textes (5). Ce consentement dont on nous parle, ce mariage contracté *solo affectu,* ne contrarie en rien la nécessité de la *deductio.* Tout ce qu'on peut en conclure, c'est qu'il y a des cas où la *ded uctio*, comme la tradition, peut avoir lieu par la seule volonté des parties. Il y a alors un double acte intentionnel : intention de contracter mariage, intention pour la femme de se mettre à la disposition du mari.

Cela ressort clairement d'un fragment de Scœvola.

(1) D., L. 1, § 21, *De adq. vel am. poss.* — (2) D., L. 79, *De solut. et lib.*; L. 18, § 2, *De adq. vel am. poss.*; L. 1, § 21, *De adq. poss.* — (3) L. 20, pr., § 1, *De adq. rer. dom.* — (4) D., L. 11, *De spons.* — (5) C., L. 11, pr., *De repud. et jud.*; Inst. de Gaïus, dans le *Breviarium*, lib. 1, tit. 5.

Ce jurisconsulte suppose que la fiancée a été conduite chez son futur mari, mais qu'elle a occupé pendant trois jours un appartement séparé; et il décide que le mariage n'aura lieu que lorsque la femme passera de l'appartement séparé où elle se trouve dans celui de son mari. Évidemment, puisque la femme est établie dans la maison même de celui qu'elle doit épouser, il y a intention de contracter mariage; mais, comme le fait de la *deductio* manque, le mariage n'est pas encore formé.

Ce fragment de Scœvola, qui forme la loi 66, § 1 (liv. 24, tit. 1, D.), paraît être en opposition avec le *principium* de la même loi. Voici la question qu'on adresse à Scœvola : « Seïa devait se marier tel jour avec Sempronius; avant qu'elle eût été conduite au domicile de celui-ci, et que l'instrument dotal ait été dressé, elle lui a donné quelques pièces d'or. Cette donation est-elle valable (1)? » Et le jurisconsulte répond qu'il n'y a aucun intérêt à parler de l'époque fixée, des *instrumenta dotalia* ou de la *deductio*; car ces choses-là se font souvent après que le mariage a été conclu. « Tout ce que je peux répondre, dit-il, c'est que la donation n'est valable que si elle a eu lieu avant que le mariage ait été *contracté par consentement.* »

Il semble, au premier abord, que, d'après ce *principium,* le consentement seul suffit pour contracter mariage, et que le jurisconsulte abandonne immédiatement cette opinion dans le § 1. Cette explication serait au moins bizarre. Aussi nous pensons que Scœvola a voulu dire simplement que le mariage peut être parfaitement conclu

(1) Les donations entre époux ne furent permises qu'à partir de Caracalla.

lorsque le mari, loin de son domicile, aura cependant la future en sa présence. Tout ce que la loi veut, c'est que la femme, d'une manière ou d'une autre, soit mise en la puissance du mari, sans s'inquiéter que cela ait lieu dans tel ou tel endroit. Il est vrai, comme nous l'avons dit, que la femme absente ne peut pas contracter mariage par lettre ou par message, parce qu'alors on suppose que l'homme n'est pas en sa présence, et qu'ainsi elle n'est pas à même de se mettre à sa disposition. Mais si c'est l'homme seul qui est absent relativement au futur domicile conjugal, rien ne s'oppose plus au mariage, parce que la future peut être conduite là où son mari commande en maître. Au contraire, dans le cas où les parties sont en présence l'une de l'autre, aucune question de domicile ne peut plus être soulevée, et la *deductio* s'opérera par le simple consentement.

Quant au fragment d'Ulpien que nous avons déjà cité, *nuptias non concubitus, sed consensus facit*, on ne peut rien en conclure contre nous. Cette maxime signifie, ou bien que le mariage peut exister sans qu'aucune cohabitation ait eu lieu entre les époux, ou bien que la cohabitation ne suffit pas pour qu'il y ait mariage. La première idée, nous l'avons rencontrée dans plusieurs textes; la seconde, nous la trouvons expliquée par Paul. Il nous dit, en effet, que le mariage ne se distingue du concubinat que par l'intention des personnes qui vivent ensemble : *concubina igitur ab uxore solo dilectu separatur* (1). La cohabitation existe donc dans les deux cas ; mais ce fait matériel ne saurait nous faire présumer le mariage, que

(1) Paul, *Sent*, 2, 20; D., L. 4, *De concub.*

lorsque la volonté des époux lui aura donné le caractère exigé par la loi.

Nous trouvons enfin dans Tryphoninus que, lorsque le mari est fait prisonnier, le mariage cesse d'exister, alors même que la volonté de l'épouse serait contraire, et qu'elle continuerait d'habiter le domicile conjugal (1). Et Pomponius ajoute qu'à son retour, le mari ne recouvrera pas la puissance maritale, par suite du *postliminium*, ainsi qu'il recouvre la puissance paternelle; mais qu'il faudra conclure un nouveau mariage, si toutefois la femme y consent (2). Il faut donc, pour que le mariage continue, que la femme puisse toujours être à la disposition du mari; or, si cette condition est nécessaire pour la continuation du mariage, évidemment elle est indispensable pour qu'il commence d'exister (3).

Ainsi, en résumé, le droit romain considère comme éléments constitutifs du mariage le consentement et la *deductio*. Il faut, concurremment avec l'élément volontaire, que la femme soit mise, d'une manière ou d'une autre, à la disposition de l'homme, qu'elle lui soit livrée, qu'elle se trouve sous son empire. Nous trouvons là une idée dégagée des anciennes formes symboliques, mais dont l'origine probable remonte à une époque très reculée. Les mœurs avaient établi les cérémonies de la confarréation et de la coemption pour que la prise de possession de la femme par le mari fût complète; et lors-

(1) D., L. 12, § 4. *De capt. et de postl.* — (2) D., L. 14, § 1, *eod.* — (3) MM. Ortolan, *Themis*, t. 10, p. 496; *Expl. hist. des Inst.* 1, tit. 10; Machelard, *Textes sur la possession*, etc. 1855-56, pag. 211 et suiv.; Demangeat, à son cours.

que ces cérémonies n'avaient pas lieu, des jeunes gens, l'épée à la main, entraient dans la maison de la fiancée et feignaient de l'arracher des bras de sa mère ou de sa plus proche parente (1).

Cet usage, qui peut bien être une réminiscence de l'enlèvement des Sabines, comme le croit Festus, démontre que les Romains considéraient le passage de la femme en la possession de son futur époux comme un élément indispensable pour la formation du mariage. Certainement, en l'absence de la *confarreatio* ou de la *coemptio*, le pouvoir qu'acquiert le mari sur sa femme par suite de cet enlèvement ne sera pas complet; mais qu'il continue de la posséder ainsi pendant une année sans interruption, et la *manus* lui sera acquise.

Ces formes, ces solennités, disparurent; mais la pensée qui était au fond, — la mise de la femme en la puissance du mari, — survécut, et la nécessité de la *deductio* fut consacrée par le législateur.

De même donc que pour la transmission de la propriété il faut le consentement des parties et la tradition, de même, pour la formation du mariage, il est nécessaire que l'intention des parties soit accompagnée de la *deductio*. On s'est fondé sur cette analogie pour dire que le mariage est un contrat réel, pour la formation duquel la tradition est indispensable. Nous ne croyons pas devoir approuver ce langage. S'il y a, en effet, une certaine similitude entre les contrats réels et le mariage quant à la manière de procéder pour leur création, ces actes diffèrent complètement et par l'objet auquel ils s'appli-

(1) B. Brisson, dans Pothier, *Pand.*, liv. 23, tit. 2; *App.* § 9.

quent et par les effets qu'ils produisent. Nous repoussons également le mot tradition, qui ne se trouve dans aucun texte pour maintenir le mot *deductio*, seul employé par les jurisconsultes. Nous pensons qu'il est préférable de conserver la phraséologie romaine, pour ne pas appliquer les mêmes dénominations à deux actes tout à fait différents, ce qui pourrait donner naissance à des méprises ou à des erreurs.

Le droit romain considère-t-il comme un élément constitutif du mariage la rédaction d'un écrit, d'un *instrumentum?* En fait, on dresse quelquefois des actes pour constater soit le mariage, soit les conventions relatives aux biens; mais ces écrits n'ont aucune influence sur le mariage, dont la preuve peut être faite à l'aide d'autres indices (1). C'est Théodose qui exigea le premier la rédaction d'un *instrumentum dotale* lorsque le mariage avait lieu, *non inter pares honestate personas*, mais entre individus de conditions inégales (2). Justinien abroge cette distinction (3), mais pour en introduire plus tard une autre. Il exige, en effet, dans ses Novelles, que les personnes illustres rédigent un *instrumentum dotale*, et que les autres personnes, à l'exception des pauvres, des agriculteurs et des soldats, se présentent au moins, si elles n'ont pas fait d'écrit, devant le défenseur de l'Église, pour déclarer leur mariage, l'année, le mois et le jour où il a été contracté. Le défenseur devait en dresser acte devant trois ou quatre témoins.

(1) D., L. 66 *De don. inter vir. et ux.*; C., L. 9 et 13, *De nuptiis*. — (2) C., L. 22 et 23, § 7, *eod.* — (3) Nov. 74, c. 4, et 117, c. 4.

CHAPITRE DEUXIÈME.

CONDITIONS NÉCESSAIRES POUR CONTRACTER MARIAGE.

Le mariage, pour être valable, doit être fait conformément au droit civil, *secundum præcepta legum* (1), c'est-à-dire qu'il doit réunir toutes les conditions exigées par la loi. Ces conditions, très-bien résumées par Ulpien, sont au nombre de trois : 1° la puberté ; 2° le consentement des époux et quelquefois d'autres personnes : 2° le *connubium* (2). Nous suivrons cette division tripartite en groupant toutes les questions qui s'y rattachent. Nous verrons ensuite les conséquences qui entraînent l'absence de ces conditions.

SECTION PREMIÈRE. — *De la puberté.*

La puberté, à proprement parler, est le développement de l'être qui devient capable d'engendrer (3). La loi reconnaît à l'individu arrivé à la puberté plusieurs facultés dont il était privé auparavant. Il sera désormais débarrassé de la tutelle (4), et il pourra tester, se marier, aliéner, contracter (5).

Mais quel est l'âge à partir duquel un individu est réputé pubère? Parlons d'abord de la puberté des

(1) Inst., pr., *De nupt.* — (2) Ulp., *Reg.*, tit. 5, § 2. — (3) Tit. 11, § 28, *eod.* — (4) Inst. pr., *Quib. mod. tut. finit.* Remarquons qu'anciennement la tutelle des femmes était perpétuelle. — (5) Inst., § 2, *Quib. alien* ; § 1, *Quib. non est perm.*; §§ 9 et 10, *De inut. stip.*

hommes. Anciennement, la fixation de la puberté était abandonnée à la volonté des pères de famille. Il y avait chaque année le 17 mars, une fête dite des *liberalia*, où les enfants laissaient la robe bordée de pourpre (*prætexta*) pour prendre la *toga virilis*; mais aucune règle précise sur ce point : tout dépendait de la volonté du père, qui présentait ou non son fils aux *liberalia*, suivant qu'il jugeait ou non son développement complet. En général, cela avait lieu à l'âge de dix-sept ans (1).

Sous l'empire, ces cérémonies disparaissent, et des discussions s'élèvent sur la fixation de la puberté. Gaïus et Ulpien nous en donnent les détails. Les Sabiniens voulaient constater la puberté par un examen individuel de l'état extérieur du corps, *habitu corporis*. Les Proculéiens prétendaient, au contraire, la fixer invariablement à quatorze ans révolus. Priscus pensait qu'il fallait réunir ces deux conditions, c'est-à-dire qu'il fallait indiquer comme limite l'âge de quatorze ans, qu'on ne pourrait jamais avancer, mais qu'on pourrait toujours reculer après un examen individuel (2).

Cependant les deux écoles étaient d'accord lorsqu'il s'agissait de la faculté de tester; toutes les deux la fixaient à quatorze ou douze ans, suivant les sexes (3). Les Sabiniens devaient nécessairement renoncer à appliquer ici leur système: la question de puberté dans ce cas parti-

(1) Aulu-Gelle, *Nuits att.*, liv. 10, ch. 28. — La loi 1, § 3, *De post.*, Dig., y fait allusion. — (2) Gaïus, 1 § 196; Ulp., *Reg.*, 11, 28. — (3) Dig., L. 5, *Qui test. fac. poss.*; L. 2, pr.; L. 15, *De vulg. et pup. sub.*; C., L. 4, *Qui test.*; Gaïus, 2, § 113; Paul, 3, 4, A., § 1.

culier, ne pouvait, en effet, être soulevée que par suite d'un débat entre les héritiers testamentaires et les héritiers du sang, et il était impossible de vérifier *habitu corporis* si le testateur était ou non pubère à l'époque où il avait testé.

Justinien tranche cette difficulté en fixant la puberté à l'âge de quatorze ans. Il repousse l'opinion des Sabiniens « comme scandaleuse et comme contraire à la chasteté de son siècle (1). » Ce motif pourrait nous faire croire que l'ancienne controverse avait subsisté jusqu'à lui; cependant, nous pensons avec M. de Savigny (2) que la doctrine des Proculéïens avait depuis longtemps prévalu dans la pratique, et que le but de Justinien a été seulement de résoudre une question anciennement controversée.

Quant à la puberté des femmes, il paraît qu'elle a toujours été fixée à l'âge de douze ans. La femme ne pouvait pas prendre part à la fête des *liberalia*, et elle portait la robe prétexte jusqu'au jour de son mariage (3). La bienséance, d'ailleurs, s'opposait à ce qu'on appliquât aux femmes le système des Sabiniens. L'âge de douze ans a donc dû être fixé pour elles de très-bonne heure. Dans les textes, nous ne trouvons la trace d'aucune controverse à ce sujet (4). Justinien a consacré cette règle traditionnelle (5).

Il faut donc que l'homme ait quatorze ans et la

(1) Inst., pr., *Quib. mod. tut. fin.* — (2) *Traité du droit romain*, § 109, trad. par Guenoux, 2e édit. — (3) Pitiscus, *Prætexta*, num. 3. — (4) Ulp., *Reg.* 11, 28; D., L. 11, pr., *Quod falso tut.*; C., *Th.*, L. uniq., § 1, *De his qui ven.*; Isiodore, *Orig.*, 11, 2; Seneca, *Consol. ad Marciam*, c. 24. — (5) Inst., pr., *Quib. mod. tut. fin.*; C., L. 3, *Quan. tut. vel cur.*

femme douze ans pour qu'ils puissent contracter mariage. Dans le cas contraire, le mariage est nul; mais il devient tacitement valable dès l'instant où les époux atteignent l'âge légal (1).

SECTION II. — *Du consentement.*

Comme tout contrat, le mariage ne peut être formé que lorsqu'il y a accord de volontés chez les parties; il est même nécessaire quelquefois que le consentement personnel des futurs époux soit corroboré par celui des personnes sous la dépendance desquelles ils se trouvent: *Nuptiæ consistere non possunt, nisi consentiant omnes: id est, qui coeunt, quorumque in potestate sunt* (2).

§ 1. *Du consentement des parties contractantes.* — Il ne suffit pas que le consentement des futurs époux ne soit pas simulé (3), il faut surtout qu'il soit donné en connaissance de cause: le fou, par conséquent, ne peut pas se marier, mais la folie survenue après coup ne dissout pas le mariage (4). Le droit romain reconnaît comme valables tous les actes qu'un aliéné a faits dans un intervalle lucide (5); il recouvre, pendant cet intervalle, l'exercice de tous ses droits, et par conséquent la faculté de contracter mariage.

(1) D., L. 4, *De rit. nupt.* — (2) L. 2, *eod.* — (3) L. 30, *eod.* — (4) D., L. 16, § 2, *eod.*; L. 8 pr., *De his qui sui vel al. jur.* Ces textes nous parlent du *furiosus;* cependant, quoique les Romains distinguent le *furiosus* et le *demens*, les conséquences juridiques pour ces deux états sont les mêmes (voy. C., L. 25, *De nupt.*). — (5) D., L. 14, *De off. præsidis*; C., L. 6, *De cur. fur.*; L. 9, *Qui test.*; L. 2, *De cont. empt.*

L'interdiction pour cause de prodigalité est assimilée par Pomponius à l'aliénation mentale, *furiosi, vel ejus,* dit-il, *cui bonis interdictum sit, nulla voluntas est* (1). D'autres textes assimilent l'interdit à l'impubère *pubertati proximus* (2). Nous ne croyons pas cependant qu'il devienne incapable de se marier; car, si on le compare au furieux ou à l'impubère, c'est seulement dans le but de lui enlever l'administration de son patrimoine. En l'absence d'une loi formelle, nous ne pouvons donc pas admettre cette incapacité.

Le sourd, le muet, l'aveugle, contractent valablement mariage (3); il suffit qu'ils manifestent librement leur volonté, n'importe de quelle manière. Mais le consentement n'existe point toutes les fois que l'individu s'est trouvé, au moment où il a consenti, complétement privé de l'usage de sa raison, s'il était, par exemple, dans une compléte ivresse.

La violence, comme l'absence de la raison, détruit la liberté qui est nécessaire pour l'existence du consentement; mais il faut voir s'il y a une véritable violence ou une simple influence morale. Si, par exemple, un père a forcé son fils à épouser telle personne, le mariage est nul : le père, qui a si longtemps conservé le droit de vie et de mort sur ses enfants, n'a pourtant pas le droit de les contraindre au mariage (4). Mais si l'enfant, craignant de manquer au respect filial, épouse la femme que lui propose son père, et qu'il n'aurait pas épousée s'il eût

(1) D., L. 40, *De reg. jur.* — (2) L. 9, § 7, *De reb. cred.*; L. 26, *De cont. empt.*; L. 29, *De cond. ind.*; L. 1, pr., *De cur. fur.*; L. 18, pr. *Qui test.* — (3) D., L. 73, pr., *De jur. dot.* — (4) L. 21 *De rit. nupt.*; C., L. 12 et 14, *De nupt.*

été complétement libre, le mariage n'en est pas moins valable : entre deux maux, l'enfant a choisi celui qui lui a paru le moindre, *maluisse hoc videtur* (1).

Un patron qui a affranchi son esclave n'a pas le droit de l'épouser par la contrainte (2). Mais si l'affranchissement a eu lieu sous la condition du mariage, elle est censée avoir consenti et ne peut plus s'y refuser (3). Dans le cas contraire, la loi ne permet pas qu'on emploie la violence contre elle; par contre elle lui défend d'épouser un autre que son patron, à moins que celui-ci n'ait renoncé à l'épouser (4).

L'erreur est quelquefois destructive du consentement : *non videntur qui errant consentire* (5). Elle doit donc entraîner la nullité du mariage lorsqu'elle porte sur l'identité même de la personne, car il n'y a plus alors *consensus duorum in idem placitum*. Mais en est-il de même si l'erreur ne porte que sur les qualités de la personne? Nous ne connaissons aucun texte qui ait prévu cette question.

§ 2. *Du consentement d'autres personnes.* — Concurremment avec le consentement des futurs époux, il faut celui des personnes sous la puissance desquelles se trouvent ou pourraient se trouver les enfants à naître du mariage. Cette règle ne dérive pas, comme le dit Justinien (6), du droit naturel, mais du pur droit civil des Romains. L'enfant, en effet, quel que soit son âge ou le rang qu'il occupe dans la société, doit toujours obtenir ce consentement tant qu'il continue d'être sous la puissance

(1) D., L. 22, *De rit. nupt.* — (2) L. 28, *eod.* — (3) L. 29, *eod.* — (4) L. 51, pr., *eod.* — (5) L. 116, § 2, *De reg. jur.* — (6) Inst. pr., *De empt.*

du chef de sa famille (*alieni juris*); mais du moment que ce lien est rompu, l'enfant, devenu *sui juris*, ne prend plus aucun conseil de ses parents, alors même que sa grande jeunesse peut l'exposer à mille dangers (L. 25, D. *De rit. nup.*) En outre, on n'exige que le consentement du père ou des ascendants paternels : la mère, qui n'a aucune puissance sur ses enfants, non plus que tous les ascendants maternels, ne sont même pas consultés.

Ainsi le droit de consentir au mariage des enfants repose tout entier sur la manière dont la loi civile a organisé la famille romaine. Un chef unique a la puissance, *potestas*, et il tient tous les membres de la famille dans une dépendance perpétuelle; aucun d'eux ne peut en sortir, et personne ne peut y entrer, sans sa volonté. Le mariage même ne détruit pas cette sujétion, qui ne finit que lorsque la puissance paternelle cesse elle-même d'exister (1).

Il faut donc chercher dans la loi civile seule l'explication des règles sur cette matière. Nous trouvons cependant dans le Bas-Empire un cas où l'on applique les prescriptions de la loi naturelle. Ce cas est relatif à la fille mineure de vingt-cinq ans. Avant cet âge, elle doit, alors même qu'elle est *sui juris*, obtenir le consentement de son père, ou, quand elle n'a plus de père, celui de sa mère et de ses proches (2). Nous reviendrons sur ce point.

Le fils de famille militaire, nonobstant les priviléges

(1) Inst., 1, 12. — (2) C., L. 18 et 20, *De nupt.* Les mots, « *in sacris positarum*, » employés par cette dernière loi, désignent la puissance paternelle dans les constitutions du Bas-Empire.

que la loi avait accordés à ceux qui servaient dans l'armée, est également soumis à la nécessité d'obtenir le consentement de son père pour se marier (1).

Alors même que les époux, après avoir divorcé, voudraient se remarier ensemble, le consentement paternel est de nouveau nécessaire (2). Mais pour cela il faut qu'il existe un véritable divorce; s'il n'y a que simple mésintelligence, le consentement du père n'est plus exigé pour la réconciliation (3).

Le consentement du chef de la famille n'est pas toujours suffisant. S'il s'agit, en effet, d'un fils qui a son père et son aïeul, il faut qu'au consentement de ce dernier vienne se joindre celui du père, s'il fait encore partie de la famille (4). Voici le motif de ce double consentement : au décès de l'aïeul, le père devient *sui juris*, et son fils marié tombe sous sa puissance, avec tous les enfants nés ou à naître du mariage. Or, l'aïeul peut bien, sans le concours du père, émanciper ou donner en adoption ses petits-fils, mais il ne peut pas, malgré le fils, augmenter le nombre des héritiers de ce dernier (5), et c'est ce qui arriverait si l'aïeul consentait seul au mariage. Cette crainte n'existe pas pour la petite-fille, car, à la mort de son aïeul, elle tombe seule et sans postérité sous la puissance de son père : les enfants appartiennent non à sa famille, mais à celle de son mari. Il suffit donc, pour le mariage des petites-filles, du seul consentement de l'aïeul (6).

(1) D., L. 35, *De rit. nupt.* — (2) D., L. 18, *eod.*; C., L. 7, *De nupt.* — (3) L. 33, *De rit. nupt.* — (4) D., L. 16, § 1, *eod.* — (5) Inst., § 7, *De adopt.*; § 7, *Quib. mod. jus pot. sol.* — (6) D., L. 16, § 1, *eod.*

Lorsque j'ai sous ma puissance un petit-fils d'un de mes fils et une petite-fille née d'un autre fils, ils peuvent, suivant Pomponius, se marier avec mon seul consentement : le petit-fils n'a pas besoin d'obtenir le consentement de son père. Cette décision, qui se trouve dans la loi 3, *h. t.*, de Paul, paraît être en contradiction avec le principe posé par le même jurisconsulte dans la loi 16, § 1. On peut cependant concilier ces textes. Lorsque le petit-fils veut épouser une personne étrangère à la famille, le consentement de l'aïeul et celui du père sont nécessaires; c'est l'hypothèse prévue par la loi 16, § 1. Que si, au contraire, le mariage a lieu entre le petit-fils et la petite-fille (L. 3), comme ils font partie de la même famille, le consentement de l'aïeul est suffisant, car le père est présumé ne pas voir avec défaveur une pareille union (1).

Le consentement des parents peut être tacite : il suffit qu'ils aient connu et laissé faire le mariage sans opposition (2); mais il n'est pas permis que ce consentement soit général : l'enfant doit faire connaître au père la personne déterminée qu'il entend épouser (3).

Il faut, en outre, que le consentement des parents précède le mariage (4). S'il n'intervient qu'après, le mariage devient valable pour l'avenir, sans aucun effet rétroactif : il n'a donc nullement existé jusqu'au moment de la ratification (5). La mort du parent dont le consentement était nécessaire équivaut à une ratification, et à

(1) Cujas, *Pauli ad edict.*, liv. 35, *ad leg.* 16. — (2) C., L. 2 et 5, *De nupt.* — (3) D., L. 34, pr., *De rit. nupt.* — (4) Inst., pr., *De nupt.* — (5) D., L. 2, *De rit. nupt.*

partir de ce moment le mariage devient valable (1).

Il y a des auteurs qui ont prétendu que l'absence de ce consentement constitue un empêchement prohibitif et non dirimant. Mais cette distinction ne se trouve pas dans le droit romain, et tous les textes nous présentent ce consentement comme une condition essentielle du mariage. Le fragment de Paul qu'on invoque contre nous ne prouve rien. Il y est dit, en effet : « que le mariage n'est pas légalement formé sans la volonté de celui sous la puissance duquel on se trouve, mais qu'une fois contracté il ne peut plus être dissout, car l'intérêt public prévaut sur celui des particuliers (2). » Évidemment cette dernière phrase ne se réfère pas aux époux, qui sont toujours libres de divorcer; elle fait allusion à un autre fragment de Paul, où nous voyons que le père ne peut pas contraindre les époux à divorcer, lorsque le mariage leur convient, *bene concordans matrimonium* (3). Le consentement du père, nécessaire pour la formation du mariage, n'est plus nécessaire pour qu'il continue d'exister. C'est Antonin le Pieux qui a ôté au père le pouvoir exorbitant que l'ancien droit paraît lui avoir reconnu de dissoudre par sa seule volonté un mariage légalement conclu (4). Le texte de Paul ne signifie donc pas que le mariage, une fois contracté, existe nonobstant l'absence du consentement du père.

Quelque nécessaire que le droit romain ait jugé l'intervention du chef de la famille en une pareille matière,

(1) L. 11, *De stat. hom.* — (2) Paul, *Sent.*, 2, 19, § 2. — (3) *Id.* 5, 6, § 15. — (4) C., L. 5, *De repud. et jud.*

il a dû néanmoins admettre certaines exceptions. La loi dispense donc les enfans d'obtenir le consentement du père dans les trois cas suivants :

a) Lorsque le père s'obstine, sans aucun motif, à ne pas consentir au mariage de ses enfants, en les menaçant ainsi d'un célibat perpétuel, la loi Julia leur permet de s'adresser aux magistrats pour triompher de cette résistance (1). La même faculté leur est reconnue par une constitution de Sévère et d'Antonin lorsque le père refuse de leur donner une dot (2). Le père hérétique est obligé de marier ses enfans orthodoxes avec des orthodoxes, et de leur donner une dot, ou de leur faire une donation *propter nuptias* (3).

b) Lorsque le père est absent ou prisonnier, le fils ou la fille peut se marier sans son consentement, pourvu qu'il se soit écoulé trois ans depuis l'absence ou la captivité (4). Le mariage contracté avant ce délai est valable si l'enfant a épousé une personne d'une condition qui n'aurait pas été de nature à empêcher le père, s'il eût été présent, de donner son consentement (5). Il est vrai que de cette manière le père trouvera à son retour le nombre de ses héritiers accru par les petits-enfants qui naîtront d'un mariage auquel il n'a pas consenti ; mais l'utilité publique des mariages a dû l'emporter sur un

(1) Cette règle, bonne en droit romain, où l'enfant était obligé, *à tout âge*, d'obtenir le consentement de son père, a été mal à propos admise par plusieurs législations modernes. — (2) D. L. 19, *De rit. nupt.* — (3) C., L. 13 et 19, *De hæret. et manic.* — (4) D., L. 9, § 1, et L. 10, *De rit. nupt.* Le délai de trois ans dont nous parlent ces textes n'existait pas dans l'ancien droit (D., L. 12, § 3, *De capt. et postl.*). Il est probable que ce sont les rédacteurs du Digeste qui l'ont ajouté. — (5) D., L. 11, *eod.*

principe qui, rigoureusement appliqué, aurait été aussi injuste pour les enfants que nuisible à la société (1).

c) Lorsque le père est atteint de folie, *furiosus* ou *mente captus*, les jurisconsultes ne sont pas d'accord. On admet facilement que, dans un cas pareil, la fille peut se passer de son consentement; mais il n'en est pas de même pour le fils, parce que ses enfants augmentent le nombre des héritiers du père. Marc-Aurèle décide que le fils d'un *mente captus*, c'est-à-dire d'un homme dont la folie est permanente, pourra se marier sans son consentement. Mais des doutes restèrent quant au *furiosus*, dont la folie comporte des intervalles lucides. Ulpien, prévoyant le cas particulier où le fils a son père et son aïeul, dont l'un est *furiosus*, décide que le consentement de l'autre suffit (2). Il est cependant probable qu'Ulpien aurait hésité à donner la même décision s'il n'y avait eu qu'un seul ascendant, ou si tous les deux eussent été *furiosi*. Justinien, qui fait allusion à ces difficultés (3), les tranche définitivement. Il décide que le fils ou la fille d'un *furiosus* ou d'un *mente captus* doit, pour se marier, prendre l'avis, soit du préfet de la ville à Constantinople, soit des gouverneurs des provinces ou des évêques, tant sur la personne du futur époux que sur la fixation de la dot ou de la donation *propter nuptias*, le tout en présence du curateur du père et des plus notables des parents paternels (4).

Une fois devenu *sui juris*, le fils n'a besoin que de son seul consentement pour se marier (5). Il n'en est

(1) D., L. 12, § 3, *De capt. et postl.* — (2) D., L. 9, pr., *De rit. nupt.* — (3) Inst., pr., *De nupt.* — (4) C., L. 28, *De episc. aud.*; L. 25, *De nupt.* — (5) D., L. 25, *De rit. nupt.*

pas de même des femmes, qui, restant toute leur vie en tutelle, doivent obtenir l'autorisation du tuteur pour tous les actes de la vie, et, par conséquent, pour le mariage, qui est le plus important. Il paraît que la mère devait également être consultée, et, si elle n'était pas d'accord avec le tuteur, on tirait au sort, ou bien le magistrat intervenait (1). Lorsque cette tutelle des femmes commença à tomber en désuétude, le tuteur interposait son autorisation pour la forme, *dicis gratia*, et s'il ne voulait pas la donner, le préteur pouvait l'y contraindre (2). La tutelle légitime des patrons et des ascendants conserva, il est vrai, plus d'efficacité, et le préteur ne pouvait pas les contraindre à autoriser la pupille pour faire certains actes; mais ces actes sont tous relatifs aux biens (3) : le mariage resta donc parmi ceux que la pupille pouvait faire sans cette autorisation. Ce droit pour la fille de se marier sans demander le consentement de son tuteur est formellement reconnu par Paul dans un fragment inséré au Digeste (L. 20, *De rit. nup.*) (4).

A partir de Marc-Aurèle, les filles comme les fils pubères, mineurs de vingt-cinq ans, reçurent un curateur. Sévère et Antonin déclarent que ce curateur doit s'occuper seulement de l'administration des biens, et que le mariage dépend de la volonté de la fille (5). Ils exigent pourtant que la fille obtienne l'approbation de son tuteur, de sa mère et de ses proches; et si ces personnes

(1) Suétone, *in Tibér.*; Tite-Live, 4.— (2) Gaïus, Inst., 1, § 190.— (3) § 192, *eod.* — (4) Remarquons que le mot *curatoris*, qui se trouve dans la première partie du texte, est de Tribonnien, car, du temps de Paul, les femmes étaient toujours en tutelle. — (5) *Loc. cit.*; C., L. 8, *De nupt.*

ne se mettent pas d'accord sur le choix du mari, il en est référé au gouverneur de la province (1).

Honorius et Théodose développèrent ce système (2). La fille, même *sui juris*, mineure de vingt-cinq ans, doit obtenir le consentement de son père, ou, à défaut du père, celui de sa mère et de ses proches. Si elle ne dépend que d'un curateur, et que sa pudeur l'empêche de choisir devant ses parents entre plusieurs compétiteurs, c'est le juge qui fera le choix.

Ces constitutions s'occupaient exclusivement des filles, et aucune protection n'était accordée à la veuve. Une constitution de Valentinien, de Valens et de Gratien, combla cette lacune. La veuve ayant moins de vingt-cinq ans, quoique émancipée, ne pourra contracter un nouveau mariage sans le consentement du père. A défaut du père, le droit de consentir passe à la mère (3) et aux proches parents. Ces derniers, s'ils sont soupçonnés de partialité, peuvent être remplacés par les parents du degré subséquent. Lorsque la mère et les proches ne sont pas d'accord, on a recours à l'autorité judiciaire; seulement, si les compétiteurs sont de la même naissance et du même mérite, le juge préférera celui que la mère aura choisi (4).

(1) C., L. 1, *De nupt.* — (2) L. 20, *eod.* — (3) Le mot *patris* qu'emploie le texte (C., L. 18, *De nupt.*), dans la seconde partie, ne se trouve pas dans les Basiliques (liv. 28, tit. 4); il faut donc l'effacer ou lui substituer le mot *matris*, comme le pense Cujas. — (4) C., L. 18, *De nupt.* Cette constitution qui se trouve également au Code Théod. (L. 1, *De nupt.*), était restrictive; elle ne s'appliquait qu'aux veuves nobles. C'est Justinien qui la généralisa.

SECTION III. — *Du connubium.*

Le mot *connubium* est pris quelquefois, soit par les poëtes (1), soit par le législateur (2), dans un sens général, et alors il se confond avec le *matrimonium* (3). Mais dans sa signification technique ce mot désigne la capacité relative de s'unir avec telle ou telle personne. L'étymologie même du mot, *cum-nubere*, exprime cette idée de relations, de rapports entre deux individus rendant le mariage possible ou impossible. Aussi Ulpien définit le *connubium* : la faculté d'épouser une femme (4), et Justinien ajoute qu'il n'est pas permis de se marier avec une personne quelconque (5).

Les rapports existant entre deux personnes déterminées et qui empêchent le mariage, perpétuellement ou temporairement, sont de différentes natures : les uns proviennent des relations de famille ou de considérations purement morales, comme la parenté, l'alliance, les convenances ; d'autres résultent de causes politiques, sociales ou religieuses, comme la liberté ou la nationalité, ou l'inégalité des conditions, la tutelle et la curatelle, certaines fonctions et la différence de religion. D'autres empêchements sont fondés sur l'existence d'un premier mariage, l'adultère, les fiançailles, le rapt, l'engagement dans les ordres religieux, l'impuissance.

(1) *Æneid.*, 1, 73 ; 4, 316. — (2) C., L. 8, *De inc. et inutil. nupt.* — (3) Servius, dans ses Commentaires sur le liv. 1, v. 73 de l'*Enéide*, dit : *Connubium est jus l gitimi matrimonii.* — (4) Ulp , *Reg.*, 5, 3. — (5) Inst., § 1, *De nupt.*

§ I. *De la parenté.* — La parenté est le lien qui unit deux personnes descendant l'une de l'autre ou d'un auteur commun. Elle est naturelle ou civile, c'est-à-dire qu'elle résulte des liens du sang ou de l'adoption ; elle est mixte lorsqu'elle résulte d'un mariage légitime. Le mot *cognatio* s'applique à toutes ces parentés (1) ; mais on donne spécialement le nom de *agnats* aux parents qui sont unis entre eux par le sexe masculin, et on appelle cognats ceux qui sont unis par les femmes (2). Sous un autre point de vue, on nomme agnats tous ceux qui se trouvent sous la puissance du même chef, et alors tous les agnats sont par cela même cognats, car l'*agnatio* est comprise dans la *cognatio*, comme l'espèce dans le genre (3). Mais celui qui est cognat n'est pas toujours et dans tous les cas agnat (4). Ainsi celui qui est uni à la famille par l'origine d'une souche commune, mais qui n'est pas sous la puissance du chef, n'est pas agnat, quoiqu'il soit cognat. Il en est de même des parents par les femmes. L'enfant qui sort de sa famille naturelle par l'émancipation ou autrement cesse également d'être agnat ; mais le fait de sa naissance ne peut pas être effacé : il continue, par conséquent, d'être cognat (5). Celui, au contraire, dont les relations avec la famille reposent uni-

(1) D., L. 4, § 2, *De grad. et aff.* — (2) Gaïus, 1, § 156 ; D., L. 7, *De leg. tut.* ; L, 1, § 1, *Unde cogn.* — (3) D , L. 10, § 4, *De grad. et aff.* — (4) L'intérêt qu'il y a à dire que les agnats sont nécessairement cognats, c'est qu'ils auraient droit à la *bonorum possessio unde cognati*, dans le cas où ils auraient négligé d'exercer, en temps utile, la *bonorum possessio unde legitimi* (D., L. 1, § 4, *Unde cogn.*). — (5) D , L. 10, § 6, *De grad. et aff.* ; L. 8, *De reg. jur.* ; Inst , §§ 3 et 6, *De cap. dem.* ; C., L. 4, *De leg. tut.*

quement sur l'adoption perd sa qualité de cognat du moment qu'il n'est plus agnat (1).

Lorsque les parents descendent l'un de l'autre, ils forment une ligne directe; lorsqu'ils descendent d'un auteur commun, ils forment une ligne collatérale. Ainsi, les enfants, les petits-enfants, etc., leurs père et mère, leurs aïeux, etc., sont en ligne directe, descendante ou ascendante. Le frère et la sœur, le cousin et la cousine, viennent en ligne collatérale (2).

En ligne directe, il y a autant de degrés (3) entre les différents parents qu'il y a de générations qui les séparent. En ligne collatérale, on compte les générations des deux côtés en remontant vers l'auteur commun, que l'on ne compte pas : c'est ainsi que deux frères, qui se trouvent chacun à un degré de leur père commun, sont à deux degrés entre eux; aussi, n'y a-t-il pas de premier degré en cette ligne (4).

Plusieurs empêchements au mariage résultent de la parenté. *En ligne directe*, la prohibition a lieu à l'infini (5); et lorsque la parenté qui place la personne dans la famille comme ascendante ou descendante n'est due qu'à l'adoption, la prohibition subsiste même après que

(1) Inst., § 4, *De exher. lib.*; §§ 10 et 11, *De hered. quæ ab int.* — (2) D. L. 1, 2 et 3, *De grad. et aff.*—(3) Paul compare la ligne de parenté à une échelle à différents degrés (D. L. 10, § 10, *eod.*)—(4) D., L. 1, § 1, *eod.*—D'après la supputation canonique, au contraire, le premier degré existe aussi en ligne collatérale. Le droit canon ne compte, en effet, les générations que d'un seul côté; or, il n'y a qu'une génération entre mon père et mon frère : nous sommes donc au premier degré. Si la ligne est inégale, c'est-à-dire si l'un des collatéraux est plus éloigné que l'autre, on compte les générations en commençant depuis le parent qui est le plus éloigné de la souche commune (Pothier, *Contr. de mar.*, n°s 125 et 126). — (5) D., L. 53, *De rit. nupt.*; Inst., § 1, *De nupt.*

ce lien a été rompu (1). Cette règle s'applique même à la mére de l'adoptant ou à son épouse. Quoique l'adopté ne devienne ni le cognat ni l'allié de ces femmes, et quoiqu'il ne puisse être considéré comme leur fils ou petit-fils, cependant les convenances lui défendent de contracter mariage avec l'une ou l'autre (2).

En ligne collatérale, les empêchements ne vont pas aussi loin (3). Deux collatéraux ne peuvent, en général, se marier ensemble lorsque l'un d'eux ou tous les deux sont à un seul degré de la souche commune; on s'arrête donc ici à une certaine limite. En outre, les empêchements provenant de l'adoption ne durent pas plus longtemps que l'adoption elle-même (4). Nous trouvons plusieurs applications de ces deux régles.

Les collatéraux les plus proches sont, comme nous l'avons dit, les frères et sœurs: le mariage est donc défendu entre eux à perpétuité. Mais si le lien ne provient que de l'adoption, le mariage devient possible aussitôt que ce lien est rompu par l'émancipation (5). Sans cela, les fiançailles même sont défendues entre les frères et sœurs adoptifs (6) Celui, par conséquent, qui veut adopter son gendre, doit émanciper sa fille, ou bien son fils s'il veut adopter sa bru (7). Que si l'adoption a eu lieu en fait au mépris de cette règle, est-ce l'adoption ou le mariage qui sera nul? Tryphoninus pense que c'est le mariage qui est nul (8), et Théophile, dans sa Paraphrase sur les Ins-

(1) Inst., *eod.*; D., L. 55, pr., *De rit. nupt.* — (2) D., L. 23, *De adopt.* — (3) § 2, *eod* — (4) Gaïus, 1, § 61; Paul, *Sent.*, 2, 19, § 4. — (5) D., L. 17, pr., *De rit. nupt.*; Paul, *Sent.*, 2, 19, § 4. — (6) L. 35, § 1, *De verb. oblig.* — (7) L. 17, § 1, *De rit. nupt.*; Inst., § 2, *De nupt.* — (8) D., L. 67, § 3, *De rit. nupt.*

titutes, est du même avis (1). Justinien et Gaïus semblent, au contraire, maintenir le mariage et annuler seulement l'adoption (2).

L'empêchement existe également entre collatéraux au troisieme degré, entre l'oncle et la nièce, la tante et le neveu (3). Cependant une exception fut introduite par Claude pour qu'il pût épouser Agrippine, la fille de son frère Germanicus. Quoique Claude n'ait trouvé d'abord que très peu d'imitateurs (4), il s'établit en usage qu'il était permis d'épouser la fille de son frère, mais non celle de sa sœur (5). Cette distinction ne fut définitivement supprimée que par Constantin (6).

Dans le cas d'adoption, il faut distinguer. Je puis épouser la fille de ma sœur adoptive, car elle ne se trouve pas dans la même famille que moi : aucun lien, ni naturel, ni civil ne m'unit à elle (7). Mais puis-je épouser également la fille de mon frère adoptif ? Oui, s'il s'agit d'adoption proprement dite, car cette fille continue de rester dans sa propre famille ; mais s'il y a eu adrogation, l'adrogé passe avec tous ses biens et ses enfants dans la famille adoptive, et par conséquent le mariage est impossible entre moi et sa fille (8).

Le mariage est défendu entre collatéraux au quatrième

(1) *De nupt.*, § 2, *fine.* — (2) D., L. 17, § 1, *De rit. nupt* ; Inst., § 2, *De nupt.* — (3) *Id.*, § 3. — (4) Suétone, *In Claudio.*, n° 26 ; Tacite, *Ann.*, 12, nos 5 à 7. — (5) Ulp., *Frag.*, 5, § 6 ; Gaïus, Inst., 1, § 62 ; Tacite, 12 *Ann.*, 7. — (6) C., *Th.*; L. 1, *De inc. nupt.* — La loi 17 du Code, *De nupt.*, dit que c'est Dioclétien qui est l'auteur de cette abrogation. Mais il n'y a là qu'un changement de nom que firent subir les rédacteurs du Code à la constitution de Constantin ; cela résulte du texte de cette constitution qui se trouve au tit. 6, ch. 4 § 5, *Coll. leg. mos.* — (7) D., L. 12, § 4, *De rit. nupt.* — (8) L. 15 et 40, *De adopt.*

degré. Je ne puis donc épouser ni la petite-fille de mon frère, ni celle de ma sœur. Cette prohibition ne provient pas, comme le dit Justinien, de ce « qu'il n'est pas permis d'épouser la petite-fille, lorsqu'on ne peut pas épouser la fille (1), » mais de ce que je ne suis éloigné que d'un seul degré de l'auteur commun. C'est ainsi que je puis épouser la petite-fille de mon aïeul, quoique je ne puisse pas épouser sa fille, qui n'est qu'à un seul degré de mon aïeul. Lorsque le collatéral est si près de l'auteur commun, il en tient presque la place, *parenti loco habetur;* il ne pourra épouser ni l'arrière-petite-fille de sa sœur, ni aucune autre collatérale (2).

Mais le mariage est permis entre les cousins germains, les enfants du frère et de la sœur, parce qu'ils sont éloignés de deux degrés de la souche commune (3). Il paraît que pendant longtemps ce mariage fut inconnu à Rome, et que peu à peu seulement il fut toléré par les mœurs (4); mais les empereurs chrétiens le défendirent à plusieurs reprises. Théodose prononça comme sanction la confiscation des biens et la peine du feu (5). Arcadius et Honorius, tout en mitigeant la peine, prohibèrent également cette union du vivant de saint Ambroise, et ils ne la permirent qu'en 404 (6). La même permission fut conservée par Justinien (7).

(1) Inst. § 3, *De nupt.* — (2) D., L. 39, *De rit. nupt.* — (3) Voyez cependant Théophile, *Paraph.*, trad. par Frégier, *h. t.* § 4. — (4) Tacite, *Ann.* 12, 6; Plutarque, dans ses *Causes*, *quæst.* 6. — (5) C. Th., *si nupt. ex rescript.* — (6) *Eod.*, L. 3, *De incest. nupt.* Quoique cette loi porte les noms d'Arcadius et d'Honorius, il faut cependant observer qu'elle est l'œuvre d'Arcadius seul qui régnait en Orient. Honorius conserva en Occident la prohibition, et la renouvela en 409 (C. Th., L. uniq., *si nupt. et rescript. pet.*) Si l'intitulé de la loi porte les deux noms, cela provient de l'habitude où l'on était de parler au nom des deux empereurs régnants en Orient et en Occident (Poth., *Contr. de mar.*, n° 136). — (7) C., de Just., L. 19, *De nupt.*

Le neveu ne peut pas épouser sa tante paternelle (*amitam*), même adoptive, ou sa tante maternelle, non plus que sa grand'tante paternelle ou maternelle (1), parce que la tante et la grand'tante sont au rang d'ascendantes, ou plutôt parce que l'auteur commun, étant l'aïeul ou le bisaïeul, elles n'en sont séparées que d'un degré. Remarquons qu'on ne peut avoir, par suite d'adoption, que des tantes paternelles, les enfants n'entrant pas dans la famille de leur mère, et les rapports que l'adoption peut y établir leur étant complétement étrangers; l'aïeul maternel ne peut donc leur donner ni oncle ni tante maternels à l'aide de l'adoption (2).

§ II. *De l'Alliance.* — L'alliance, *affinitas*, est le lien qui existe non-seulement entre chaque époux et les parents de l'autre, mais même entre chacun des membres des deux familles. Cette définition ressort d'un texte de Modestin (3), et même des *Institutes*, qui, après avoir prohibé certains mariages par respect pour l'alliance, permettent *cependant* l'union des enfants que chaque époux a eus d'un autre lit (4). Il faut pourtant remarquer que le lien établi entre les parents respectifs des époux est très-faible; qu'il ne donne naissance à aucun empêchement au mariage, et qu'aucun nom ne désigne ces différents alliés. Il n'en est pas de même de l'alliance qui existe entre chaque époux et les parents de son conjoint; celle-ci donne naissance à plusieurs obstacles au mariage, et chaque allié porte un nom spécial. La

(1) Inst., § 5, *De nupt.*; D., L. 17, § 2, *De rit. nupt.* — (2) D., L. 12, § 4, *De rit. nupt.*; L. 23, *De adopt. et em.* — (3) L. 4, § 3, *De grad. et aff.* — (4) Inst., Cf., §§ 6 et 8, *De nupt.*; Ducaurroy, *Inst.*, nº 144.

différence de ces effets nous fait comprendre pourquoi on dit souvent que l'alliance n'existe qu'entre chaque époux et les parents de l'autre, et que les parents du mari et ceux de la femme ne sont pas alliés entre eux (1).

Les parents en ligne directe ou en ligne collatérale de l'un des époux deviennent les alliés directs ou collatéraux de l'autre, et réciproquement. En ligne directe, l'alliance empêche le mariage à l'infini. Ainsi, je ne puis épouser ni ma belle-fille, ni ma bru, ni ma belle-mère (*socrum*), ni ma marâtre (*novercam*) : ce sont mes quatre alliés au premier degré (2). D'ailleurs la prohibition s'étend à tous les degrés, car le nom de belle-fille (*privigna*) comprend non-seulement la fille que ma femme a eue d'un précédent mariage, mais encore sa petite-fille, etc. ; le nom de bru (*nurus*) comprend la femme de mon fils, ainsi que celle de mon petit-fils, etc. ; le nom de belle-mère comprend la mère de ma femme, son aïeule, bisaïeule ; le nom de marâtre, la femme de mon père, grand-père, bisaïeul (3).

Remarquons que tant que je suis marié, ou que ces femmes sont mariées, la question ne peut même pas se soulever, car la polygamie n'est pas permise. Ce n'est

(1) Pothier, *Pand.*, liv. 23, tit, 2, n° 34 ; liv. 38, tit. 10, n° 48, note 1 ; *Contr. de mar.*, n° 150 ; Vinnius, *De nupt.* — (2) Gaïus, *Inst.*, 1, § 63 ; Inst. de Just., §§ 6 et 7, *De nupt.* Modestin nous dit (L. 4, § 5, *De grad. et adf.*) que l'alliance n'admet point de degrés et, par conséquent, point de ligne. Il n'en est pas moins vrai, cependant, qu'en réalité chaque allié occupe vis-à-vis de l'un des époux la même ligne et le même degré qu'il occupe vis à-vis des parents dont le mariage a produit l'alliance (Poth., *Pand.*, liv. 38, tit. 10, n° 54, note 2). — (3) D. L. 14. § 4 ; L. 40, *De rit. nupt.*

que lorsque le mariage a été dissous que l'alliance devient une véritable cause d'empêchement (1).

En ligne collatérale, nous ne trouvons pas que l'alliance ait donné anciennement naissance à aucun empêchemeut au mariage. Constantin et Constance sont les premiers qui prohibèrent le mariage entre beau-frère et belle-sœur (2). Valentinien, Théodose et Arcadius renouvelèrent cette défense, qui fut conservée par Justinien (3).

Mais supposons que j'aie un fils et que je convole en secondes noces avec une veuve qui a aussi une fille de son premier mari : ces enfants, quoique alliés, sont libres de s'épouser; la naissance même d'un frère commun issu de cette nouvelle union ne fait pas obstacle à leur mariage (4). Ainsi, la prohibition entre collatéraux s'arrête aux beau-frère et belle-sœur, et ne s'étend pas au beau-fils et à la belle-fille.

§ III. *Des convenances.* — Les bonnes mœurs, les convenances qui doivent être observées par les membres d'une société civilisée, entraînent des prohibitions au mariage entre personnes qui, selon la loi, ne sont ni parentes ni alliées. Il faut, pour contracter mariage, observer non-seulement ce qui est permis par le droit positif, mais encore ce qui est honnête (5), car ce qui est permis n'est pas toujours conforme aux bonnes mœurs (6). Nous trouvons dans les textes plusieurs applications remarquables de ce principe.

(1) Inst , §§ 6 et 7, *De nupt.*; D., L. 4, § 7, *De grad. et affin.* — (2) C. Th., L. 2, *De inc. et nupt.* — (3) C., L. 5, 8 et 9, *De inc. et inut. nupt.*— (4) Inst , § 8, *De nupt.*; D., L. 34, § 2, *De rit. nupt.* — (5) D , L 42, pr.; L. 197, *De reg. juris* — (6) L. 144, *eod.*

Après la dissolution du mariage, l'alliance continue d'exister, mais seulement avec les parents qui étaient au moins conçus avant cette dissolution. Par conséquent, je ne suis pas l'allié de la fille que la femme avec laquelle j'ai divorcé aura d'un second lit; cette fille n'est pas ma *privigna* comme celle que mon épouse a eue d'un mariage antérieur au mien (1); et cependant il ne m'est pas permis de l'épouser (2), car il serait contraire à la décence d'avoir des rapports avec la fille de celle qui a été mon épouse.

Les fiançailles ne font naître aucune relation de parenté ou d'alliance : ainsi, la fiancée du fils n'est pas la bru du père, et la fiancée de celui-ci n'est pas la marâtre du fils; pourtant, le père ne peut pas épouser la fiancée du fils, et réciproquement (3). Auguste défendit aussi d'épouser la mère de la fiancée, qui joue en quelque sorte le rôle de belle-mère (4).

Le beau-père ne peut pas se marier avec celle qui a été la femme de son beau-fils, ni la belle-mère avec celui qui a été le mari de sa belle-fille (5).

Le mariage, *matrimonium*, est seul capable d'engendrer l'alliance (6). L'empereur Alexandre défendit cependant au fils d'épouser la concubine de son père, sous

(1) D., L. 7, *De grad. et aff.* — (2) Inst., § 9, *De nupt.*; D , L. 12, § 3, *De rit. nupt.* — (3) D., L. 12, §§ 1 et 2, *De rit. nupt.*; Inst., § 9, *De nupt.*; — (4) D., L. 14, *fine.* — L'Église qui, pendant longtemps, se borna à défendre le mariage, pour cause de fiançailles, seulement aux parents en ligne directe, finit par le défendre à tous les collatéraux. A partir du concile de Trente, cet empêchement s'arrête au premier degré de la ligne collatérale (Poth., *Contr. de mar.*, n° 214 à 216). — (5) L 15, *eod.* — (6) L. 4, § 3, *De grad. et aff.*

peine de se rendre coupable de *stuprum* (1). Ulpien nous dit également qu'il n'est pas permis au fils, au petit-fils, de prendre pour concubine la concubine du père, de l'aïeul, et réciproquement (2). Si un enfant naît du concubinat, ni le frère ni le père naturel ne peuvent l'épouser. Il est vrai que nous ne trouvons ici aucune présomption légale de paternité, que cet enfant est *vulgo quæsitus;* mais il suffit d'une probalité pour faire présumer la paternité ; en pareille matière, on considère surtout le droit naturel et la pudeur plutôt que le droit positif (3).

De là vient aussi que le *contubernium*, cette union que les esclaves contractent entre eux ou avec des personnes libres (4), peut donner naissance à des empêchements. Ce n'est que lorqu'il s'agit de mariage que la loi s'occupe de cette union à laquelle elle n'attribue aucun autre effet (5). D'après le droit civil, l'esclave n'a ni pére, ni mère, ni frère, ni fils, ni aucun autre cognat (6). Cependant le lien du sang est un fait qu'on ne peut pas effacer ; aussi, en cas de *contubernium*, il produit des espèces de parentés serviles, *serviles cognationes* (7), qui mettent quelquefois obstacle au mariage. Nous disons *quelquefois*, parce que tant que ceux qui vivent dans le *contubernium* demeurent esclaves, il ne peut être question ni d'empêchements ni de justes noces ; ce n'est

(1) C., L. 4, *De nupt*. Pothier croit pouvoir se fonder sur cette loi pour soutenir que, non-seulement le mariage étoit défendu entre la concubine et le père ou le fils de son concubin, mais encore entre la femme et le père ou le fils de celui avec qui elle a eu un commerce charnel illicite (*Contr. de mar.*, n° 163). — (2) D , L. 1, § 3, *De concub.* — (3) D., L 54 et 14, § 2, *De rit. nup* — (4) Paul, *Sent.*, 2, 19, § 6. — (5) Inst., § 10, *De grad. cogn.* — (6) Paul, *Sent.*, 4, 10, § 2 ; D., L. 7, *Unde cogn.*; L. 1, § 4, *Ad S. C. Tertull.* — (7) D., L. 10, § 5, *De grad. et aff.*

qu'après l'affranchissement que ces questions se présentent (1). Ainsi, un affranchi ne peut épouser ni sa mère, ni sa sœur, ni la fille de celle-ci; le père ne peut épouser sa fille, alors même qu'il serait douteux qu'elle fût la sienne (2). Cette prohibition s'étend également à l'alliance, par exemple à la femme qui peut être considérée comme ayant été la belle-mère ou la bru de l'affranchi pendant qu'il était esclave. S'il y a doute, il faut s'abstenir de contracter un pareil mariage (3).

Ces empêchemonts sont introduits par le droit des gens qui s'applique à tous les hommes sans distinction (4), et non par le droit civil qui ne régit pas les esclaves.

Sévère et Antonin défendirent, comme odieuses, les noces entre l'affranchi et celle qui a été la femme de son patron, sa fille, sa petite-fille ou son arrière-petite-fille (5). Pourtant, si la patronne est d'une condition si basse, *tam ignobilis*, qu'un pareil mariage n'ait rien de déshonorant pour elle, le juge qui en connaîtra ne doit pas mettre obstacle à ce mariage (6).

Justinien, conformément à ce qui existait auparavant (7), permit d'épouser, après l'avoir affranchie, l'esclave qu'on avait élevée; mais il défendit d'épouser sa filleule, vu la nature des rapports qui s'établissaient entre le parrain et celle qu'il avait tenue sur les fonts baptismaux (8).

(1) Inst., § 10, *De nupt.*— (2) D., L 14, § 2, et L. 8, *De rit. nupt.*— (3) D., L. 14, § 3, *eod.*—(4) D., L. 32, *De reg. jur.*—(5) C., L. 3, *De nupt.*; D., L. 62, § 1, *De rit. nupt.*—(6) D., L. 13, *eod.* — (7) C., L. 15, *De nupt.*; Gaïus, 1, § 19. — (8) C., L. 26, *De nupt.* L'Église consacra cette prohibition, résultant de la parenté *spirituelle*, dont Justinien est le premier auteur, et défendit le

— Nous avons vu que l'adoption empêche toujours le mariage en ligne directe, mais qu'il devient possible en ligne collatérale, du moment que ce lien a été rompu. Les convenances défendent également les noces avec certains alliés de l'adoptant et de l'adopté, alors même que celui-ci a été émancipé. Ainsi, un fils adoptif, même émancipé, ne doit pas épouser celle qui a été la femme de son père adoptif, parcequ'elle est encore en quelque sorte sa belle-mère (1). Mais si la femme que j'ai répudiée épouse Seïus, que j'adroge ensuite, le mariage est valable, car il a eu lieu à une époque où Seïus n'était pas mon beau-fils (2). Le père adoptif doit s'abstenir aussi de contracter mariage avec la femme du fils adoptif, bien qu'il l'ait émancipé, car elle est comme sa bru (3).

Expliquons ici la loi 55, § 1, *De ritu nupt.*, qui donne lieu à certaines difficultés. Ce fragment, dont l'auteur est Gaïus, est ainsi conçu : « Je ne peux épouser ni la mère ni la tante maternelle (*matertcram*) de mon père adoptif, ni la fille de son fils; mais cela tant que je suis dans sa famille : une fois que je serai émancipé, il est certain qu'aucun obstacle ne s'oppose plus au mariage, car je deviens alors étranger à la famille. »

Un des effets de l'adoption, c'est de produire entre l'adopté et sa nouvelle famille à peu près les mêmes

mariage entre le filleul et les parrain et marraine ; mais elle ne s'en tint pas là, et elle arriva successivement à créer ici les mêmes empêchements que pour la parenté véritable. Le concile de Trente revint sur ces erreurs et renferma les prohibitions dans un cercle beaucoup plus étroit (Pothier, *Contr. de mar.*, nos 173 à 211) ; mais l'Église grecque suit en général les anciens errements. Les protestants ont justement supprimé ces prohibitions inutiles et arbitraires. — (1) D., L. 14, pr., *De rit. nupt.* — (2) L. 12, pr., *eod.* — (3) L. 14, § 1, *eod.*

rapports que s'il y était né. Il devient le parent des parents de l'adoptant, mais seulement de ceux qui sont les agnats de celui-ci, c'est-à-dire qui se rattachent l'un à l'autre par le sexe masculin. Mais aucun lien n'existe entre lui et les cognats de l'adoptant, qui ont, il est vrai, une origine commune, mais qui est toute féminine (1). Il s'ensuit, nous dit Paul, que, si j'adopte un fils, ma femme et ma mère ne peuvent pas être considérées comme sa mère et son aïeule, et cependant le mariage est défendu entre eux (2). Paul nous présente la défense d'épouser la mère du père adoptif comme absolue, tandis que Gaïus, dans notre loi 55, distingue suivant que l'adopté se trouve ou ne se trouve plus dans la famille de l'adoptant. Probablement, la distinction de Gaïus se réfère seulement à la tante maternelle ou à la petite-fille de l'adoptant, et non à sa mère ; car il est toujours contraire à la bienséance de se marier avec celle qui, jusqu'à un certain point, a pu être considérée comme notre ascendante. Aussi Cujas pense que le mot *matrem* s'est mal à propos glissé dans le texte de la loi 55 (3).

Venons à la tante maternelle de l'adoptant et à la fille qu'il a de son fils.

Gaïus défend à l'enfant adoptif d'épouser la tante maternelle de celui qui l'a adopté. Cette prohibition paraît contredire ce que nous dit Ulpien (L. 12, § 4 *h. t.*) de la sœur de l'adoptant, que l'adopté peut épouser si elle n'est pas née du même père que le père adoptif. Or, nous ne voyons rien qui nous explique cette distinction entre la

(1) Inst., § 1, *De leg. adg. tut.*; Gaïus, *Inst.*, 1, § 156 ; D., L. 7, *De leg. tut.*; L. 1, § 1, *Unde cogn.* — (2) D., L. 23, *De adopt.*, Paul. — (3) *Pauli ad edict.* liv. 35, *Ad leg.* 23.

tante maternelle et la sœur utérine de l'adoptant. Aussi, Hotmann, pour concilier les textes, supprime les mots *aut materteram*, qui se trouvent dans le fragment de Gaïus. Pothier propose une conciliation qui est préférable. Ulpien, dit-il, se place au point de vue du droit strict, d'après lequel les agnats seuls, et non les cognats, deviennent les parents de l'adopté : celui-ci pourra, par conséquent, épouser la sœur utérine de son père adoptif, car elle n'est pas son agnate. Gaïus, au contraire, se place en dehors de la rigueur du droit positif, et repousse le mariage entre l'adopté et la tante maternelle de l'adoptant, comme n'étant pas conforme aux convenances (1).

Gaïus défend enfin à l'adopté d'épouser la fille *du fils* de son père adoptif, *neptem ex filio*. Il est probable que ce texte a subi une altération, et que son auteur avait dit *neptem ex filia*. Gaïus vivait, en effet, à une époque où il était permis d'épouser la fille de son frère, mais non celle de sa sœur (2). Il n'a pas pu, par conséquent, relativement au frère adoptif, s'occuper d'un mariage que le frère même naturel pouvait contracter; mais il a dû défendre à l'adopté d'épouser la fille de sa sœur adoptive, qui, n'étant pas son agnate, aurait pu devenir sa femme, selon le droit strict. Constantin abrogea la distinction introduite par Claude entre la fille du frère et celle de la sœur. Cette abrogation fut maintenue par les rédacteurs du Digeste, et ils supprimèrent dans le texte de Gaïus ce qui pouvait rappeler l'ancienne distinction. Mais, au lieu de parler seulement de la *neptem ex filio*, ils auraient dû dire *neptem ex filio vel ex filia*, car, de

(1) Poth., *Pand.*, *De rit. nupt*, n° 38, note 2. — (2) Gaius, *Inst.*, 1, § 62.

de leur temps, on ne pouvait pas plus épouser la fille du frère que celle de la sœur.

Lorsque l'adoption cesse d'exister par suite d'émancipation, le mariage devient possible entre l'adopté, la tante maternelle ou la petite-fille du père adoptif. En sortant de la famille, le seul lien moral qui unissait l'adopté à ces femmes a été brisé, et les bonnes mœurs ne s'opposent plus à un pareil mariage.

— Justinien a modifié un peu les effets de l'adoption. Quand il s'agit d'un enfant *sui juris* adrogé, ou même d'un enfant *alieni juris* adopté par l'un de ses ascendants (*non extraneus*), Justinien conserve à l'adoption tous ses anciens effets. Mais si l'enfant a été adopté par une personne étrangère à sa famille, le père adoptif n'acquiert pas la puissance paternelle, qui reste au père naturel. Le seul effet que produise cette adoption, c'est d'attribuer à l'enfant des droits de succession *ab intestat* sur les biens de son père adoptif (1).

Faut-il en conclure que cette adoption n'a point d'autre effet, et qu'ainsi Justinien a abrogé tous les empêchements qu'elle mettait auparavant au mariage? Nous ne le pensons pas; autrement on trouverait cette différence entre l'adoption et l'adrogation indiquée aux Institutes, qui en énumèrent bien d'autres de moindre importance (2). Théophile également n'aurait pas passé sous silence une pareille innovation (3). Il est vrai que Justinien nous dit que l'enfant adopté par un étranger demeure, dans sa nouvelle famille, comme s'il était étran-

(1) *Inst.*, §§ 2 et 3, *De adopt.*: § 14, *De her. qui ab int.* — (2) *Inst.*, le tit. *De adopt.* — (3) Paraphr., *De nupt.*, §§ 2, 3 et 5.

ger, *quasi extraneus* (1). Mais on ne peut tirer aucune conclusion de ce langage, qui est contraire à celui des Institutes (2), et qui fait simplement allusion à l'absence de la puissance paternelle chez l'adoptant. D'ailleurs, nous ne comprenons pas qu'on puisse se fonder sur un mot vague pour supprimer des empêchements au mariage formellement énoncés dans les Institutes et le Digeste. Le motif de l'innovation faite par Justinien est purement relatif aux intérêts pécuniaires de l'adopté. C'est la seule question dont se soit préoccupé le législateur. Pour la résoudre, il a ôté à l'adoptant sa puissance paternelle; mais les liens qui l'unissent encore à l'adopté sont assez intimes pour justifier les prohibitions au mariage que nous maintenons et que les convenances réclament.

§ IV. *De la qualité de citoyen et de personne libre.* — La nationalité jouait un rôle important dans toutes les institutions de Rome. La famille, la propriété, les successions, les contrats, tout y était subordonné. Le citoyen romain, le *civis romanus*, avait seul la pleine capacité juridique ; et l'étranger, le *peregrinus*, ne pouvait jouir que de ces droits seulement auxquels les Romains n'attachaient pas un caractère exclusivement national.

Le mariage fut considéré comme une institution civile réservée aux citoyens ; aucun des effets que la loi romaine y attache ne fut reconnu à l'union des étrangers. Cependant, sous la République, le peuple, assemblé dans ses comices, accordait quelquefois à certains étrangers le droit d'épouser une citoyenne romaine (3).

(1) C., L. 10, § 1, *De adopt.* — (2) Inst., § 8, *De adop.* — (3) Tite-Live, 38, 36.

Sous l'Empire, la même permission était nécessaire pour que l'étranger contractât un *legitimum matrimonium*: *connubium habent cives Romani cum civibus Romanis : cum Latinis autem et peregrinis ita si concessum sit* (1).

A partir de Caracalla, le *jus civitatis*, qui déjà, en 664 de Rome, avait été accordé à toute l'Italie (2), est étendu à tout l'empire (3). Les étrangers qui ont encore besoin d'une permission spéciale pour contracter mariage sont ceux que les Romains considèrent comme *barbari* (4) ou les *peregrini* dont le pays fut incorporé à l'empire postérieurement à Caracalla.

Valentinien et Valens défendent, sous peine de mort, le mariage entre provinciaux et *gentiles*, c'est-à-dire entre les citoyens romains et les barbares qui n'étaient pas compris dans les limites de l'empire (5). Justinien n'inséra pas cette constitution au Code, et abolit ainsi la peine de mort; mais il exige formellement, dans les Institutes, la qualité de citoyen romain pour les *justæ nuptiæ* (6).

Les esclaves ne font partie d'aucune nation : leurs rapports de droit sont par conséquent régis par les seules lois de la nature. Il est défendu à tout citoyen romain de les épouser; et, s'ils se marient entre eux ou avec des citoyens, cette union, *contubernium*, ne jouit d'aucune garantie légale. Aucune loi du moins ne les empêche de contracter des unions qui sont criminelles pour les personnes libres. Nous avons vu cependant que le *contubernium* donne naissance à une espèce de parenté,

(1) Ulp., *Frag.*, 5, § 4; Gaïus, *Inst.*, 1, § 57. — (2) Cicéron. *Pro Balbo*, n° 8. — (3) D., L. 17, *De stat. homin.* — (4) Voy. dans Cicéron (*De offic.*, n° 12) ce que les Romains entendaient par les mots *hostis*, *peregrinus et barbarus*. — (5) C. Th., liv. 3, tit. 14. — (6) Inst., pr., *De nupt.*

qui, après l'affranchissement, produit des empêchements au mariage, comme si elle résultait de véritables noces.

§ 5. *Différences de castes.*— La constitution aristocratique de Rome partagea les citoyens en plusieurs classes : les ingénus, d'une part, qui se divisaient en patriciens et plébéiens; les affranchis, d'autre part, qui, à partir d'Auguste et de Tibère, se divisèrent en affranchis citoyens, en Latins juniens et en déditices (1). Ces distinctions eurent une grande influence sur le mariage.

La loi des Douze Tables défendit le mariage entre les plébéiens et les patriciens. Cette prohibition, qui parait ne pas avoir existé avant cette loi, fut supprimée dès l'an 309 de Rome, par la loi Canuleia (2).

Mais aucun mariage ne peut avoir lieu entre les ingénus et les affranchis. Le mariage même que les affranchis contractent entre eux n'est reconnu que s'ils sont citoyens romains. Les affranchis latins n'ont pas le *jus connubii*, mais ils peuvent facilement l'obtenir (3). Quant aux affranchis déditices, ils sont assimilés aux étrangers qui ont lutté contre Rome et qui, vaincus, se sont rendus à discrétion. Ils ne jouissent, en général, d'aucun droit civil, et ne peuvent jamais devenir citoyens (4). Les déditices n'ont donc pas le droit de contracter des *justæ nuptiæ*.—Justinien efface toutes ces distinctions entre les affranchis, et décide que les esclaves, quel que soit le mode de manumission employé, deviendront, comme anciennement, citoyens romains (5).

(1) Caïus, 1, § 12 : Ulp., *Reg.*, 1, § 5. — (2) Tite-Live, 4, 6 : Florus, 1. 25; Cicéron, *De repub.* 2, 37. — (3) Caïus, 1, §§ 29 et 31; Ulp., *Frag*, tit. 3. — (4) Caïus, *Inst.*, 1, §§ 14, 25, 26; Ulp., *Frag.* 20, 14; 22, 2 — (5) C., L. uniq., *De lat. lib. toll.*; L. uniq., *De ded. lib. toll.*; Inst., 1, tit. 3, § 5.

La prohibition du mariage entre ingénus et affranchis, qui était quelquefois levée par une concession personnelle (1), fut enfin abrogée par la loi Julia (2); mais cette loi introduisit d'autres empêchements, fondés sur la différence de condition, et dont nous allons nous occuper.

§ 6. *Empêchements au mariage apportés par la loi Julia et Papia-Poppæa.* — La loi Julia, rendue sous Auguste, en 757 de Rome, et la loi Papia Poppæa, rendue en 762, qui confirma et développa la première (3), se proposèrent de relever la famille en relevant le mariage, et de combattre de différentes manières la dissolution générale des mœurs. Ceux qui se mariaient reçurent des récompenses dont étaient privés ceux qui gardaient le célibat; des peines furent prononcées contre la débauche, et la liste des incapables de contracter mariage devint très-étendue.

Nous parlerons d'abord des mariages qui sont défendus par cette loi à tous les ingénus; ensuite, de ceux qui sont défendus spécialement aux sénateurs et à leurs descendants : nous verrons les modifications qui ont été apportées par les lois postérieures; et enfin la prohibition faite à une affranchie de se remarier après avoir divorcé avec son patron.

1° *Mariages défendus par la loi Julia et Papia à tout ingénu.* — Il est défendu à tout ingénu d'épouser :

(*a*) Une femme qui s'est prostituée publiquement dans un lieu de débauche, un cabaret ou autres lieux semblables (4). Il suffit qu'elle fasse commerce de son corps

(1) Tite-Live (39, 19) nous en donne un exemple. — (2) D., L. 23, *De rit. nupt.* — (3) Ces deux lois se confondent, dans l'usage, sous la dénomination de loi Julia et Pap. Poppæa. — (4) D., L. 43, *De rit. nupt.*

pour qu'elle soit réputée se prostituer publiquement (1). Mais celle qui s'est abandonnée à un ou deux hommes pour de l'argent, qui a vécu en adultère ou qui a cédé à son séducteur, n'est pas présumée s'être prostituée publiquement (2);

(*b*) La femme qui fait un commerce de la prostitution d'autrui, *lena*, que ce soit ou non son principal commerce, car « il n'est pas moins honteux de vendre son propre corps que celui des autres (3). » L'esclave qui a été affranchie par une pareille patronne est également censée avoir été prostituée elle-même (4);

Remarquons sur ces deux cas que la pauvreté ne peut pas servir d'excuse, et que la cessation de la prostitution n'en efface pas l'infamie, *neque enim aboletur turpitudo quæ postea intermissa* (5);

(*c*) Celle qui a été ou qui est comédienne, *quæ artem ludicram fecerit* (6).

(*d*) Celle qui a été surprise en adultère, peu importe par qui ou dans quel endroit. On ne s'inquiète pas non plus si elle a été ou non condamnée, et, alors même qu'elle serait déclarée non coupable, elle n'encourt pas moins l'infamie si effectivement elle a été surprise en adultère, car la loi s'attache au fait, et non au jugement, *factum lex, non sententiam notaverit* (7);

(*e*) Celle qui a été condamnée par jugement public, *damnata publico judicio*, c'est-à-dire sur une accusation que tout citoyen a le droit de porter, à moins que quel-

(1) L. 41, *eod.* — (2) L. 43, §§ 1 et 2. — (3) §§ 6 à 9, *eod.* — (4) Ulp., *Frag.*, 13, § 2. — (5) D., L. 43, §§ 4 et 5, *De rit. nupt.* — (6) Ulp., *Frag.*, 13, § 2. — (7) D., L. 43, §§ 12 et 13, *De rit. nupt.*

que loi ne lui ait retiré ce droit (1). Le sénat évoque quelquefois la connaissance de ces actions publiques (2) ; mais la femme condamnée sur une accusation de calomnie ou de prévarication n'est pas censée l'avoir été par jugement public (3).

2° *Mariages défendus par la loi Julia et Papia aux sénateurs et à leurs descendants.* — Les empêchements que nous venons d'énumérer s'appliquent à tous les ingénus, et par conséquent aux sénateurs (4) ; mais le rang élevé de ces derniers dans la société fit admettre pour eux d'autres empêchements qui ne concernent pas les autres ingénus. Ainsi, la loi défend au sénateur et à tous ses descendants par les mâles, ainsi qu'à sa fille, sa petite-fille ou son arrière-petite-fille par son fils ou son petit-fils, de se fiancer ou de contracter mariage :

(*a*) Avec une femme qui a été elle-même comédienne ou dont le père ou la mère aurait fait ce métier (5).

Ainsi, quand il s'agit d'ingénus, en général, il faut que la femme même qu'on se propose d'épouser ait été comédienne ; mais quand il s'agit de sénateurs, il suffit que la mère ou le père de la future aient été comédiens pour que le mariage soit impossible. Mais on s'arrête aux père et mère ; par conséquent les sénateurs peuvent épouser la petite-fille d'un comédien ou d'une comédienne (6).

La loi ne s'inquiète pas de savoir si la femme dont il est question se trouve ou non sous la puissance de son père ; mais la qualité de comédien chez le père ne nuira

(1) § 10, *eod.* — (2) Ulp., *Frag.*, 13, § 2 ; Tacite, *Ann.*, 2, 85, 3, 10. — (3) D., L. 43, § 11, *De rit. nupt.* — (4) L. 44, § 8, L. 49, *eod.* — (5) D., L. 44, pr., et § 1, *De rit. nupt.* — (6) § 2, *eod.*

à la fille qu'autant qu'il est légitime; il n'en est pas de même de la mère (1). Il est du reste indifférent de savoir si le père est naturel ou adoptif (2).

Mais qu'arriverait-il si le père adoptif ou le père naturel avait abandonné la profession de comédien avant l'adoption ou la naissance de la fille? Pour résoudre cette question, Paul se demande encore si la prohibition frapperait la fille adoptive émancipée, comme cela arrive pour celle dont le père naturel est décédé; et il répond : *De hoc casu contrariam legis sententiam esse Pomponius recte putat ut eis non connumeretur* (3). Vraisemblablement ces derniers mots signifient que, selon l'esprit de la loi, il ne faut pas confondre ce dernier cas (*hoc casu*) de l'émancipation avec les premiers (*eis non connumeretur*). Nous pouvons, par conséquent, en conclure que la prohibition n'est pas levée lorsque le père adoptif ou naturel a cessé d'être comédien avant l'adoption ou la naissance de la fille : la mort même du père naturel ne peut laver cette tâche. Mais s'il s'agit simplement d'adoption, une fois détruite par l'émancipation, l'enfant devient étrangère au père adoptif (4), dont la profession ne doit plus par conséquent lui nuire.

Si, après après le mariage légitimement contracté, le père ou la mère de la femme ont embrassé la profession de comédiens, le mari ne pourra pas, pour ce motif, renvoyer son épouse, car « ce serait souverainement injuste. » Mais si l'épouse s'est faite elle-même comédienne après son mariage, son mari doit la répudier (5);

(1) § 3, *eod.* — (2) D., L. 44, § 4, *eod.* — (3) § 5, *eod.* — (4) L. 55, § 1, *eod.* — (5) D., L. 44, §§ 6 et 7, *eod.*

(*b*) Avec une affranchie ; et lors même que l'affranchie aurait acquis tous les droits de l'ingénuité en se faisant adroger par un ingénu, il lui est défendu de contracter mariage avec un sénateur (1). Cependant cette défense cesse lorsque l'affranchie a obtenu du prince cette permission (2), ou le *jus aureorum annulorum*, ou la *restitutio natalium* (3).

Le mariage contracté, en dépit de cette prohibition, entre un sénateur et une affranchie, devient valable aussitôt que le sénateur perd cette dignité (4) ; mais la faute du père ne doit pas retomber sur les enfants : par conséquent, le mariage que la fille d'un sénateur a contracté avec un affranchi ne devient pas valable alors même que le père cesse d'être sénateur (5).

Mais la fille d'un sénateur qui s'est dégradée en se prostituant, qui s'est faite comédienne ou qui a été condamnée par jugement public, ne mérite plus aucune protection, et devient libre d'épouser valablement un affranchi (6).

(1) L. 32, *eod.* — (2) L. 31, *eod.* — (3) D., liv. 40, tit. 10. — (4) L. 27 *De rit. nupt.* — (5) L. 34, § 3, *eod.* — (6) L. 47. La corruption des mœurs était arrivée à un tel point que les femmes les plus distinguées se prostituaient afin d'éluder la loi (Suétone, *in Tiber.*, c. 35). Elles trouvaient, en effet de cette manière, le moyen d'épouser un affranchi qui leur convenait ; elles échappaient aux peines du *stuprum* ou de l'*adulterium* dont les femmes, honnêtes pouvaient seules se rendre coupables (D., L. 13, pr., et § 2, *Ad L. Jul., de ad.*) ; elles devenaient enfin incapables d'épouser un homme libre, et, par conséquent, les peines de la loi Julia contre les célibataires ne leur étaient plus applicables. Le législateur mit fin à ces désordres en déclarant ces femmes, nonobstant leur prostitution, capables d'être condamnées comme adultères (D., L. 10, § 2, *Ad leg. Jul. de ad.*) et incapables de recueillir les successions et les legs déférés même par le testament d'un soldat, comme

Une affranchie épouse un simple ingénu qui, postérieurement au mariage, est élevé à la dignité de sénateur : son mariage cesse-t-il d'être valable ? Les jurisconsultes paraissent avoir résolu affirmativement cette question ; ce qui était conforme au peu de stabilité dont jouissait le mariage à leur époque. Mais l'empereur chrétien ne veut pas « que le bonheur d'un des époux fasse le malheur de l'autre, » et décide, en conséquence, que l'élévation du mari ne doit avoir aucune influence défavorable sur le mariage (1).

Nous parlerons plus tard de la sanction de la loi Julia.

3° *Mariages défendus par des lois postérieures à la loi Julia et Papia.* — La dissolution des mœurs faisait toujours de nouveaux progrès, et il paraît que les prohibitions de la loi Julia quant aux sénateurs étaient depuis longtemps oubliées. Aussi l'empereur Constantin dut les confirmer de nouveau, multipliant en même temps le nombre des incapables et aggravant la pénalité (2).

Ainsi, il défendait, non-seulement aux sénateurs (3), mais encore aux *perfecti* ou *præfecti*, c'est-à-dire aux *duumviri* ou aux deux premiers magistrats municipaux, et aux *sacerdotes* revêtus de la dignité de phéniciarques ou de syriarques, de contracter mariage :

(*a*) Avec des affranchies ;

(*b*) Avec des comédiennes ou filles de comédiennes ;

si leur célibat eût été volontaire (Suétone, *Domit.*, c. 8 ; D., L. 14, *De his qui ut. ind.*; L. 41, § 1, *De test. mil.*). — (1) C., L. 28, *De nupt.* — (2) C., L. 1, *De nat. lib.* — (3) Constantin ne parle pas des descendants des sénateurs, soit parce qu'ils étaient compris dans les *perfecti*, soit parce qu'ils s'étaient trop avilis pour qu'il fût nécessaire d'en faire mention (Poth., *Pand.*, *De rit. nupt.*, n° 68).

(c) Avec des personnes viles ou d'une basse extraction.

Cette dernière catégorie ne se trouvait pas dans la loi Julia; elle fut nouvellement créée. Elle comprenait : les filles d'affranchies, celles d'un entrepreneur de prostitution ou de combats de gladiateurs (*lenonis aut arenarii filias*), la cabaretière ou sa fille, la femme qui faisait publiquement le métier de revendeuse.

Aux peines édictées par la loi Julia, Constantin ajoute l'infamie et la perte des droits civils, *placet maculam subire infamiæ et alienos a Romanis legibus fieri si, etc.*

Valentinien et Marcien, qui renouvelèrent la constitution de Constantin, expliquent que par personne vile il ne faut pas entendre celle qui est née de parents ingénus, mais pauvres : « la fortune ne met aucune différence entre les personnes libres (1). »

Justin et Justinien modifièrent cette législation. Justinien, avant d'arriver au pouvoir suprême, épris de la comédienne Théodora, obtint de son père Justin une constitution (2) qui permit aux personnes les plus illustres d'épouser :

Une comédienne réhabilitée par un rescrit impérial, ou qui aurait renoncé à son métier et obtenu quelque dignité;

La fille d'une comédienne, si la mère était décédée, ou au moins si elle avait quitté sa profession.

La piété inspira cette constitution à Justin. « Il faut, dit-il, que nous imitions la bonté infinie de Dieu, qui

(1) C., L. 7, *De inc. nupt.*— (2) C., L. 23, *De nupt.* Cette constitution est mal à propos attribuée à Justinien, comme on peut le voir dans Procope, *Anecd.*

chaque jour pardonne nos péchés, reçoit nos repentirs, et nous ramène à une vie meilleure. »

Justinien va beaucoup plus loin. Il supprime d'abord la nécessité du rescrit : il suffit que la comédienne ait renoncé à son état (1). Peu de temps après, il permet à toute personne, sans distinction de rang, d'épouser une femme quelconque, pourvu qu'elle soit libre. Toutefois, il exige que l'homme revêtu d'une grande dignité qui voudrait épouser une femme vile contracte son mariage par un *instrumentum dotale* (2).

4° *Incapacité de l'affranchie mariée à son patron et qui a divorcé.* — La loi Julia et Papia, qui permet aux ingénus en général d'épouser des affranchies (3), impose certaines obligations à la femme qui a pour mari son propre patron. Elle décide d'abord que l'affranchie qui a consenti à sa libération sous la condition d'épouser son patron n'est plus libre de se refuser à contracter ce mariage (4). Elle empêche ensuite toute affranchie qui quitte son patron d'en épouser un autre tant que le patron persisterait à la vouloir pour femme (5). Nous allons développer cette dernière prohibition.

Pour que le patron puisse s'opposer à ce que l'affranchie qui l'a abandonné se marie avec un autre, il faut, avant tout, qu'elle soit son épouse légitime. Par conséquent il n'a pas ce droit si elle n'est que sa fiancée (6), ou bien si elle est infâme, c'est-à-dire du nombre de celles qui ne peuvent pas contracter valablement mariage (7).

(1) C., L. 29, pr., *fine*, *De nupt.* — (2) Nov. 118, c. 6. — (3) D., L. 23, *De rit. nupt.* — (4) D., L. 28, 29, 51, *De rit. nupt.* — (5) D., L. 11, § 1, *De div. et rep.*; C., L. 1, *De inc. nupt.* — (6) D., L. 45, § 4, *De rit. nupt.* — (7) L. 48, § 1, *eod.*

Il ne suffit pas, en outre, que le patron soit l'affranchissant; il faut examiner en quelle qualité il l'est. En effet, si quelqu'un lui a donné de l'argent pour acheter une esclave et l'affranchir ensuite, il ne jouit pas du droit dont nous parlons (1). Il en est autrement s'il l'a achetée avec son propre argent, mais sous la condition de l'affranchir (2), car, dans ce dernier cas, il n'a pas reçu un simple mandat d'affranchir, mais il est devenu le véritable maître de l'esclave. Mais si on lui a donné gratuitement l'esclave qu'il devait affranchir en vertu d'un fidéicommis, celle-ci a le droit de contracter un autre mariage malgré son patron (3).

En général, lorsqu'il y a contestation sur le point de savoir si telle femme est l'affranchie de tel patron, le serment prêté par celui-ci suffit pour établir ses droits. Il en est ainsi en matière d'*operæ*, de succession, de citation en justice (4); mais quand il s'agit du droit spécial qu'accorde la loi Julia au patron, le serment ne suffit pas pour établir sa qualité (5).

Le fils de famille a le même droit sur l'affranchie que son père (6). Mais le père peut épouser l'esclave qu'avait le fils dans son pécule *adventice* et qu'il a affranchie *jussu patris* (7). Il n'en est pas de même d'un fils de famille militaire qui a affranchi l'esclave faisant partie de son *peculium castrense;* lui seul a le droit de patronage sur cette affranchie (8).

Lorsque l'affranchie a plusieurs patrons, la majorité

(1) L. 45, § 2. — (2) L. 45, pr. — (3) L. 50, *eod.* — (4) D., L. 14, *De jur. patron.*; L. 8, § 1, *De in jur. voc.* — (5) D., L. 45, § 1, *De rit. nupt.* — (6) L. 48, pr., *eod.* — (7) L. 51, § 1. — (8) L. 45, § 3, *eod.*

des jurisconsultes a décidé que chacun d'eux peut invoquer la loi Julia et empêcher l'affranchie de se marier avec un autre (1). Il faut en dire autant des enfants des patrons, à moins que l'affranchie n'ait été assignée à l'un d'entre eux, qui a alors seul tous les droits que confère le patronage (2).

— L'affranchie qui a épousé son patron et qui l'a abandonné malgré lui ne peut donc pas se marier avec un autre; on peut même dire, jusqu'à un certain point, qu'elle ne peut pas divorcer, car, quoiqu'elle puisse vivre séparée de son mari, elle n'a ni action pour réclamer sa dot, ni même la liberté de devenir la concubine d'un autre (3). Elle restera dans cet état tant que son patron conservera cette qualité et qu'il persistera à la vouloir pour femme (4). Par conséquent, si le patron meurt ou devient esclave, l'affranchie peut convoler en secondes noces. Mais si le patron est fait prisonnier, Julien pense, contrairement à Ulpien, que l'affranchie ne peut pas se remarier, parce que le respect qu'elle lui doit dure toujours, malgré la captivité (5).

Le patron peut renoncer à son droit expressément ou tacitement. Tout fait quelconque peut être invoqué pour prouver qu'il a consenti au divorce : par exemple, s'il s'est fiancé depuis que l'affranchie l'a quitté, ou s'il a pris une concubine, ou bien s'il s'est comporté de la manière dont on se comporte avec une femme qui n'est pas notre épouse (6). Mais l'affranchie ne peut pas divorcer à l'insu du mari ou pendant sa folie (7).

(1) L. 46. — (2) L. 48, § 2, *eod.*; Inst., *De ads. libert.* — (3) D., L. 11, pr., *De div. et rep.* — (4) § 1, *eod.* — (5) L. 45, § 6, *De rit. nupt.* — (6) L. 11, § 2, *De div. et rep.* — (7) L. 45, § 5, *De rit. nupt.*

Justinien a confirmé toutes ces dispositions de la loi Julia (1).

§ 7. *Empêchement provenant de la tutelle ou curatelle.* — Le droit romain défend au tuteur ou au curateur d'épouser sa pupille (2); autrement, elle serait exposée à être violentée ou spoliée par celui qui doit lui rendre compte de la manière dont il a administré sa fortune (3). Le sénatus-consulte, rendu sous Marc-Aurèle, qui introduisit cet empêchement, l'étendit, pour le même motif, aux enfants du tuteur ou curateur (4).

Mais cette défense ne dure pas plus que la crainte qui l'a fait porter. Si donc la reddition des comptes a été faite, et si la pupille a atteint sa vingt-cinquième année, et qu'une année utile pour la restitution *in integrum* se soit écoulée, le mariage pourra avoir lieu (5). Justinien exigea quatre années continues, au lieu d'une année utile. Remarquons qu'alors même que le tuteur aurait rendu ses comptes, et que sa pupille, mariée, serait devenue veuve, il ne pourrait pas l'épouser avant qu'elle eût atteint l'âge fixé pour la *restitutio in integrum* (6).

La crainte de la loi cesse également lorsque le chef même de la famille a fait le choix de son vivant. Ainsi, si le père a fiancé sa fille au tuteur ou curateur, ou bien s'il la lui a destinée ou l'a nommée son épouse dans son testament, rien ne s'oppose plus au mariage (7). Mais le

(1) Nov. 22, c. 27. — (2) D., L. 36, *De rit. nupt.* Le mot *curator*, qui se trouve dans ce texte et d'autres, est interpolé par Tribonien, car, du temps des jurisconsultes, la femme était en tutelle et non en curatelle. — (3) D., L. 64, § 1, *De rit. nupt.* — (4) L. 59, *eod.* — (5) L. 66, pr., *eod.*; L. 7, *Ad leg. Jul. de ad.*; C., L. 6, *De inst. matr.* — (6) D., L. 62, § 2, *De rit. nupt.* — (7) D., L. 36; *De rit. nupt.*; L. 7, *Ad leg. Jul. de ad.*

sénatus-consulte est applicable, si ce choix a été fait par la mère; celle-ci ne peut faire épouser le tuteur à sa fille, alors même que le mari lui aurait laissé la liberte de la marier à qui elle voudra : la volonté du père doit être formelle, s'il entend permettre le mariage avec le tuteur (1). — La loi trouve même dans l'affection de l'aïeul une garantie suffisante. Ainsi, si l'aïeul gère la tutelle d'une fille de son fils émancipée, il peut la marier avec son petit-fils, issu d'un autre fils. Il est vrai qu'il est tuteur, et que, rigoureusement parlant, il ne devrait pas jouir de ce droit; mais les liens du sang écartent tout soupçon de fraude (2).

Supposons cependant que la pupille se soit abtenue de la succession de son père, et qu'elle n'ait, par conséquent, pas de biens dont son tuteur puisse rendre compte : faut-il, dans un pareil cas, permettre au tuteur de l'épouser? Tryphoninus ne le pense pas : l'abstention est un fait dont le tuteur est responsable et qui peut entraîner sa condamnation si elle a été inconsidérée; que si l'abstention a été favorable, c'est un point à établir devant la justice. Le tuteur demeure donc toujours comptable, et, par suite, inhabile à épouser sa pupille (3). D'ailleurs, on doit toujours craindre un abus d'autorité.

Dioclétien et Maximien permettent au tuteur ou curateur de contracter un pareil mariage, en vertu d'une permission spéciale du prince (4) : tous les intérêts de la pupille paraissent de cette manière sauvegardés.

La protection du sénatus-consulte de Marc-Aurèle ne

(1) D., L. 62, pr., *De rit. nupt.* — (2) L. 67, § 1, *eod.* — (3) D., L. 67, § 6, *De rit nupt.* — (4) C., L. 7, *De int. matr.*

s'étend qu'à la pupille ; il est par conséquent permis au tuteur ou curateur de marier sa propre fille avec le pupille adulte (1). La mère d'une pupille peut également épouser le tuteur ou son fils (2). Mais supposons que la pupille est morte avant d'avoir reçu ses comptes, et qu'elle a laissé une fille comme héritière : le tuteur peut-il épouser cette fille ou la faire épouser à son fils? Rien ne s'oppose à un pareil mariage. Il est vrai que le tuteur doit rendre un compte à la fille pour la gestion de la tutelle de la mère ; mais il ne s'agit là que d'une simple dette qui ne doit faire aucun obstacle au mariage : autrement, il faudrait défendre à tout débiteur d'épouser sa créancière (3).

— Nous pouvons dire, en général, que la défense d'épouser la pupille s'applique à toutes les personnes qui peuvent être responsables de la gestion des affaires de la pupille.

Cette règle comprend :

a) Le tuteur proprement dit, et le curateur qui, depuis Marc-Aurèle, est donné aux hommes comme aux femmes mineurs de vingt-cinq ans ;

b) Le curateur au ventre, *curator ventri*, qui ne peut pas épouser la personne envers laquelle il est comptable (4) ;

c) Celui qui, rigoureurement parlant, n'a pas été tuteur, mais simple gérant d'affaires. Ainsi, une pupille est faite prisonnière : elle cesse à l'instant même d'être en tutelle, car elle n'est plus citoyenne (5). Mais si elle

(1) D., L. 64, § 2, *De rit. nupt.* ; C., L. 5, *De int. matr.* — (2) C., L. 2, *eod.* — (3) D., L. 67, § 5, *De rit. nupt.* — (4) D., L. 67, § 4, *De rit. nupt.* — (5) Inst., § 1, *Quib. mod. tut, fin.*

revient à Rome, elle est censée, en vertu du *jus postliminii*, ne l'avoir jamais quittée, et par conséquent elle a le droit de demander des comptes au tuteur. Celui-ci ne peut donc pas l'épouser (1);

d) Le tuteur honoraire, car il est responsable des suites de la tutelle (2);

e) Celui qui n'a pas administré les biens de la pupille sans se faire excuser légalement (3), ou celui qui s'est fait excuser sur de faux motifs (4).

Mais supposons que le tuteur croie de bonne foi pouvoir s'excuser; seulement, il n'a pas tous les éléments nécessaires de preuve : il obtient des délais; l'affaire traîne en longueur, et la pupille atteint ainsi sa majorité. Le tuteur peut-il encore présenter ses excuses, anéantir la tutelle en les faisant admettre, et obtenir ainsi la faculté d'épouser la pupille? Papinien pense que le tuteur ne peut plus présenter ses excuses après la majorité de la pupille. Paul croit, au contraire, qu'il serait injuste d'empêcher ainsi le mariage du tuteur, pour avoir obtenu, peut-être de bonne foi, des délais qui lui étaient nécessaires : il admet donc les excuses (5); mais, en le décidant ainsi, il suppose, bien entendu, que le tuteur les a proposées dans le délai légal (6), et que c'est l'examen de l'affaire seulement qui a traîné en longueur.

Il y a des personnes qui sont responsables des suites de la tutelle, et auxquelles cependant la prohibition ne s'applique pas. Ainsi, un homme a usurpé le titre de tuteur ou curateur, et il a, en cette qualité ou comme gérant

(1) D., L. 60, pr., *De rit. nupt.* — (2) § 2, *eod.* — (3) § 3, *eod.* — (4) pr., *eod.* — (5) D., L. 60, § 4, *De rit. nupt.* — (6) D., L. 13, *De excus.*

d'affaires, administré les biens de la pupille : s'il l'épouse ou s'il la fait épouser à son fils, le mariage sera valable (1). Il en est de même pour ceux qui ne sont pas obligés principaux : ainsi, les magistrats inférieurs qui reçoivent la satisdation des tuteurs (2), quoiqu'ils puissent être poursuivis subsidiairement à raison de la tutelle, ne sont pas compris au nombre des personnes auxquelles le sénatus-consulte de Marc-Aurèle est applicable (3);

f) Les enfants du tuteur ou curateur, et par le mot *enfants* il faut entendre le fils et le petit-fils (4). Nous n'avons pas à nous préoccuper si l'enfant est resté dans la famille ou a été donné en adoption (5), s'il est légitime ou naturel (6), enfant adoptif ou non. Remarquons cependant, relativement à ce dernier, que, s'il a épousé la pupille de son père adoptif, le mariage devient valable s'il est émancipé, car aucun lien ne le rattache plus à sa famille d'adoption (7).

Nous trouvons ici une question délicate prévue par le jurisconsulte Typhoninus. Il suppose que le fils de Titius a épousé ma pupille et que j'adopte ensuite ce Titius ou son fils, et il se demande si c'est le mariage qui sera nul, comme cela a lieu si on adopte son gendre, ou bien l'adoption. Tryphoninus répond que, rigoureusement, il faudrait tenir l'adoption pour non avenue comme dans le cas où le curateur adopterait le mari de celle dont il gère les affaires ; cependant, la tutelle n'existant

(1) C., L. 8, *De int. matr. int. pup.* — (2) Inst., 4, § 12, *De satisd.* — (3) D., L. 60, § 1, *De rit. nupt.* — (4) L. 59, *eod.* — (5) L. 60, § 7, *eod.* — (6) C., L. 4, *De int. matr.* — (7) L. 60, § 6, *De rit. nupt.*

plus et la pupille étant mariée à un étranger, il pense que ce serait aller trop loin que d'empêcher l'adoption en se fondant sur le sénatus-consulte de Marc-Aurèle.

Mais pourquoi le jurisconsulte déclare-t-il le mariage nul lorsqu'on adopte son gendre? Pourquoi ne préfère-t-il pas la nullité de l'adoption à celle du mariage? La stabilité des familles est un motif assez puissant, qui aurait dû lui faire admettre cette dernière solution. Pour comprendre la décision de Tryphoninus, il faut se rappeler la facilité avec laquelle les Romains commencèrent à dissoudre les mariages, après la chute de la République.

— Le fils du tuteur ou du curateur n'a donc pas la capacité de contracter mariage avec la pupille. Mais si mon père a été nommé curateur de ma femme après mon mariage, le mariage est et demeure valable; cependant, pour faire disparaître toute espèce de scrupule, il est bon que mon père insiste pour faire nommer un autre curateur à sa place (1).

La mort du tuteur ne rend pas son fils capable d'épouser la pupille à laquelle il doit rendre compte de la gestion de son père (2). Et cette prohibition existe sans distinguer si le fils a accepté ou répudié la succession, s'il est ou non héritier, s'il a été émancipé et puis omis dans le testament. Sans doute, lorsque le fils ne vient pas à la succession du père, il serait naturel qu'il n'eût point à répondre des suites de la tutelle; mais Tryphoninus craint que le défunt ne soit entré en collusion avec son fils, que la renonciation ou l'exhérédation de celui-ci ne soit

(1) C., L. 3, *De int. matr.* — (2) D., L. 67, pr., *De rit. nupt.*

qu'un moyen pour conserver intacts les biens que le père lui aurait laissés par une autre voie : aussi, maintient-il sa responsabilité envers la pupille, et par conséquent son incapacité de l'épouser. Alors même qu'aucune responsabilité ne pèserait sur lui, la décision du jurisconsulte se justifie par cette considération, que le fils du tuteur se montrera certainement disposé à défendre la mémoire de son père, à user de son influence pour réduire ou anéantir les prétentions de la pupille dans les comptes de tutelle ;

g) Le sénatus-consulte de Marc-Aurèle a été étendu à d'autres personnes que le tuteur et curateur, leurs fils ou petits-fils. Ainsi le père du tuteur, et son frère qui est sous la puissance du même chef, furent compris parmi les personnes incapables d'épouser la pupille (1). La même défense fut faite à l'héritier externe qui, en cette qualité, doit des comptes à la pupille (2), et à l'affranchi du tuteur (3) : le patronage de celui-ci concorderait mal avec l'obligation où se trouverait l'affranchi de justifier de sa gestion.

§ VIII. *Empêchement provenant de l'exercice de certaines fonctions administratives.* — Ceux qui exercent quelque autorité dans les provinces (*si quis officium... administrat*) ne peuvent pas se marier avec les femmes qui y résident. La loi craint qu'ils n'abusent de leurs pouvoirs pour contraindre au mariage les personnes qui n'en voudraient peut-être pas si elles étaient libres, ou bien qu'ils n'y acquièrent une trop grande influence, et que,

(1) D., L. 67, § 2, *De rit. nupt.* — (2) L. 64, § 1, *eod.* — (3) L. 37 et 66, § 1, *eod.*

trop attachés ensuite à la province, ils ne cherchent à se rendre indépendants de Rome.

Cette prohibition s'applique aux femmes qui résident dans la province, qu'elles en soient ou non originaires, que leur domicile se trouve là où ailleurs (1). La loi 38 pr. (*De rit. nupt.*) parle, il est vrai, des femmes originaires de la province ou qui y ont leur domicile, *inde oriundæ vel ibi domicilium habentæ*, et la loi 130 (*De verb. signif.*) nous dit qu'il faut entendre par provinciaux non ceux qui sont originaires de la province, mais ceux qui y ont leur domicile. Cujas propose avec raison de nous tenir seulement à la résidence, car, si la femme a son domicile en province ou si elle y est née sans qu'elle y réside, aucun motif ne s'oppose plus à son mariage.

Cependant il est permis au fonctionnaire de prendre une concubine (2). Il peut également se fiancer et attendre la cessation de ses fonctions pour se marier. Mais, dans ce cas particulier, la fiancée jouit d'une faveur spéciale. Selon le droit commun, en effet, la fiancée qui a reçu des arrhes et qui refuse ensuite de se marier, était condamnée à les rendre au quadruple (3); plus tard elle ne fut plus obligée à les rendre qu'au double (4). Dans notre cas, il suffit qu'elle rende simplement les arrhes qu'on lui a données (5). Une constitution de Gratien, Valentinien et Théodose lui permet même de les garder si elle le juge convenable (6).

(1) D., L. 38, pr., *De rit. nupt* ; L. 190, *De verb. signif.* — (2) D., L., 5, *De concub.* — (3) C. Th., L. uniq., *Si nupt. ex rescript.*; L. 6, *De spons.* — (4) C., L. 5, *De spons.* — (5) D., L. 38, pr., *De rit. nupt.* — (6) C., L. uniq., *Si rest. prov. vel ad eum.*

Le fils du fonctionnaire est également frappé de cette incapacité; son père ne doit pas lui permettre d'épouser une provinciale (1). Mais le fonctionnaire est libre de marier sa fille avec une personne résidant dans la province (2).

Cette défense ne s'applique pas aux militaires qui combattent dans leur propre pays (3), ni à celui qui, avant son entrée en fonctions, avait été déjà fiancé à la provinciale qu'il veut épouser (4).

Cet empêchement est temporaire; il cesse avec la fonction qui l'a fait naître. Que si en fait le mariage a eu lieu, il ne devient valable qu'après la cessation de la fonction, si l'homme et la femme persévèrent dans la même intention (5).

§ IX. *Empêchement provenant d'un premier mariage.*— Un premier mariage constitue un obstacle à un second; cet obstacle est permanent ou temporaire, selon que le premier mariage existe ou a été dissous par la mort ou autrement. Examinons cette double situation.

1° *Mariage non dissous.* — La polygamie n'a jamais existé chez les Romains. L'idée qu'ils se formèrent de très-bonne heure de l'importance de la famille en empêcha l'introduction. Cette idée survécut toujours, et la corruption dégradante où tomba plus tard la société romaine ne la détruisit point. C'est en vain que Jules

(1) D., L. 57, pr., *De rit. nupt.*—(2) L. 38, § 2, *eod.*—(3) L. 65, pr., *eod.*—(4) L. 38, § 1, *eod.*—(5) D., L. 65, § 1, *eod.*; C., L. 6, *De nupt.* — Cette prohibition, qui se justifiait par des raisons politiques en droit romain, a été étendue par beaucoup de législations modernes à tous les fonctionnaires publics, en ce sens du moins qu'ils ne peuvent se marier sans l'autorisation de leurs chefs.

César et plus tard Valentinien le Jeune essayèrent d'introduire la polygamie : leurs tentatives échouèrent (1), et le mariage resta toujours l'union d'un seul homme et d'une seule femme.

Le second mariage qu'on contracte avant la dissolution du premier est nul (2), et le chef de la famille qui l'a autorisé, ou l'époux lui-même, s'il est *sui juris*, ainsi que sa femme, encourent l'infamie (3); et l'annulation du second mariage n'efface pas cette tache, car c'est surtout l'intention coupable qu'on punit (4).

L'infamie est encourue également par cela seul qu'on s'est doublement fiancé, ou qu'on s'est fiancé étant déjà marié (5). On défendit même expressément à l'homme marié d'avoir une concubine (6).

2° *Mariage dissous.* — Le mariage se dissout par la perte de la liberté, par la captivité, par la mort de l'un des époux, par le divorce (7).

La grande diminution de tête, *maxima capitis deminutio*, emporte la perte de la liberté, et avec elle celle de la famille et de la cité (8). Celui qui l'encourt, devenant esclave, son mariage est dissous, et l'autre conjoint peut impunément contracter une nouvelle union.

Il n'en est pas de même pour la moyenne diminution de tête, *media capitis deminutio*, qui n'emporte que la perte de la cité (9). Avec la liberté, celui qui subit cette peine conserve la puissance paternelle, et quelquefois

(1) Suétone, *J. Cæs.*, n° 52; Socrate, 4, 30, et Nicéphore, 2, 33.—(2) Inst., § 6 et 7, *De nupt.* — (3) D , L. 13, § 3, *De his qui not. inf.* — (4) D., L. 13, § 4, *eod.*; L. 18, *Ad leg. Jul. de ad.* — (5) *Loc. cit.* — (6) Paul, *Sent.*, 2, 20; C., L. uniq , *De concub.* — (7) D., L. 1, *De div. et rep.*; Nov., 22, c. 3 et suiv.—(8) Inst., § 1, *De cap. dem.* — (9) § 2, *eod.*

ses biens (1). Son mariage continue également d'exister (2). Ainsi la déportation et l'interdiction de l'eau et du feu ne détruisent pas le mariage : c'est ce qui résulte de plusieurs textes (3); mais d'autres textes déclarent formellement le contraire (4). Cujas, pour les concilier, propose cette distinction : le mariage, en cas de déportation ou d'interdiction de l'eau et du feu, continue d'exister comme mariage du droit des gens, mais il cesse d'exister comme mariage d'après le droit des Quirites (5).

La captivité de l'un des époux le rend esclave et étranger à la société romaine; elle dissout par conséquent le mariage, et permet à chaque époux de convoler en secondes noces. Le *jus postliminii*, par suite duquel le captif, à son retour, est réintégré dans tous ses droits, n'a donc aucun effet relativement au mariage, qui reste dissous, sauf la possibilité qu'ont les anciens conjoints de se marier de nouveau (6). Cette décision est conforme aux principes. Nous trouvons cependant une loi où Julien soutient l'opinion contraire (7); il dit que la captivité ne détruit pas le mariage, et que la femme ne doit pas se remarier tant qu'il est certain que son mari, captif, vit encore, à moins qu'elle ne veuille divorcer. Que s'il y a incertitude sur l'existence du mari, la femme peut, cinq ans après, convoler à d'autres noces, et le premier mariage est considéré comme dissous par consentement mutuel, *bona*

(1) D., L. 8, § 3, *De bon. damn.;* L. 7, § 3, L. 14, § 1, et L. 18, *De int. et releg.*— (2) D., L. 5, § 1, *De bon. damn.*— (3) C., L. 1, *De repud.;* L. 24, *fine, De don. int. vir. et ux.;* D., L. 5, § *De bon. damn.*— (4). D., L. 5, § 3, *De extr. cognit.*; L. 4, § 1, *De grad. et aff.;* L. 56, *De sol. matr.* — (5) Cuj., *Exposit.* Nov. 22, *De solut. nup.* — (6) D., L. 56, *solut. matr.*; L. 8 et 12, § 4; et L. 14, § 1, *De capt. et post.*—(7) D., L. 6, *De div. et rep.*

gratia. Les mêmes régles s'appliquent si c'est la femme qui est captive.

Nous pensons, avec Cujas, que le texte de Julien était en parfaite harmonie avec les anciens principes sur la captivité, et que c'est Tribonien qui l'a remanié. Julien admettait seulement, en effet, que l'affranchie qui avait épousé son patron ne pouvait pas se remarier pendant la captivité de son époux (1). Justinien généralisa cette décision, et Tribonien remania dans ce sens le texte de Julien (2).

Déjà, Constantin s'était occupé des militaires qui étaient présumés avoir disparu à la guerre, et avait permis à leurs femmes de se remarier, alors que quatre années s'étaient écoulées sans qu'elles en eussent reçu aucune nouvelle, et sous la condition d'adresser une demande préalable à l'officier sous les ordres duquel se trouvait le mari (3).

Justinien modifie cette législation : la femme d'abord ne peut se remarier que dix ans après la disparition de son mari, et après avoir fait toutes les recherches possibles et adressé des requêtes aux officiers supérieurs (4). Plus tard, il exige que la mort du mari soit justifiée par les *priores numeri chartularii*, et que la femme laisse passer encore un an pour se remarier (5).

Lorsque le mariage se dissout par la mort de la femme, le mari ne porte point le deuil de la défunte (6), et même il est libre de contracter immédiatement une autre union. La femme, au contraire, si elle perd son

(1) D., L. 45, § 6, *De rit. nupt.*— (2) Cujas, *Explic* Nov. 22, *De sol. nupt.* — (3) C., L. 7, *De rep. et jud.*; Nov. 22, c. 14, pr. — (4) Nov., 22, c. 14. — (5) Nov., 117, c. 11.— (6) D., L. 9, pr., *De his qui not. inf.*

mari, ne peut convoler en secondes noces qu'après l'expiration du délai légal pendant lequel elle doit porter le deuil. Ce délai fut d'abord d'un an, c'est-à-dire de dix mois, même après que Numa eut augmenté l'année de deux mois (1); les empereurs chrétiens le portèrent à douze mois (2).

Si, contrairement à cette défense, la veuve convole en secondes noces, elle est déclarée infâme (3), ainsi que son père, si elle se trouve encore en sa puissance et s'il a autorisé le mariage. Le nouvel époux encourt également l'infamie s'il est *sui juris*, ou bien son père, s'il est *filius-familias* (4).

Le but principal de cette prohibition est d'empêcher la confusion de part, *propter turbationem sanguinis;* le motif n'en est donc pas tiré de l'obligation où se trouve la femme de porter le deuil de son mari. Aussi, dans les cas même où la veuve est dispensée de porter le deuil, soit par suite d'une décision du sénat (5), soit parce que le mari est un *hostis*, ou parce qu'il s'est donné la mort *mala conscientia*, il faut qu'elle attende un an pour se remarier (6). A l'inverse, lorsque la veuve accouche, elle peut convoler en secondes noces, quoiqu'elle se trouve dans le délai du deuil (7) : la confusion de part n'est plus alors à craindre. — Dans tous les cas, la veuve peut fiancer (8).

(1) Plutarque, Numa, 20. — (2) C., L. 2, *De sec. nupt.* — (3) D., L. 11, § 3, *De his qui not.* — (4) L. 11, § 4, *eod.* — (5) C., L. 15, *Ex quib. caus. inf.;* Val. Maxime, 1, cap. 1, n° 14. — (6) D., L. 11, § 1, *eod.* — (7) § 2, *eod.* Les législations modernes, qui n'obligent également que la femme à laisser passer un certain intervalle avant de se remarier, n'admettent pas, en général, au moins la restriction raisonnable du droit romain. — (8) D., L. 10, § 1, *eod.*

Le divorce met également fin au mariage, et les époux demeurent libres de former d'autres unions. Une seule exception est faite à l'égard de l'affranchie qui a épousé son patron et qui a divorcé malgré lui. Elle ne pourra pas convoler en secondes noces tant que son patron persistera à la vouloir pour femme (1).

Nous n'avons, quant au divorce, aucun texte qui défende à la femme divorcée de se remarier pendant un certain délai. Cependant, il y a absolument même motif que pour la veuve de lui appliquer cette défense.

Les secondes noces, facilitées et même encouragées par les lois d'Auguste, furent plus tard réprouvées et frappées de plusieurs peines.

§ X. *Empêchements provenant des fiançailles, de l'adultère et du rapt. — Fiançailles.* — Très-souvent chez les Romains, comme chez la plupart des peuples modernes, le mariage était précédé de fiançailles. En général, les mêmes conditions sont nécessaires pour la validité des fiançailles que pour celle du mariage (2).

Les fiançailles, se formant par le seul consentement (3), peuvent être dissoutes par un consentement contraire (4), ou bien par la mort ou par le laps de temps (5) ; mais tant que cette dissolution n'a pas eu lieu, il est défendu à l'un des fiancés d'épouser une autre personne, sous peine d'être noté d'infamie (6).

Quoi qu'il arrive, les fiançailles empêchent, comme nous l'avons déjà dit, chaque fiancé d'épouser l'ascendant ou

(1) D., L. 11, pr., *De div. et rep.* (2) D., le tit. *De spons.* — (3) L. 4, pr., et § 1; L. 7 et 18, *eod.*—(4) L. 2, § 2, *De div. et rep.*; C., L. 1, *De spons.* — (5) C, L. 2, *eod.*; L. 2, *De repud.* — (6) D., L. 13, § 3, *De his qui not.*

le descendant de l'autre (1); car elles établissent entre eux une espèce d'alliance (2).

Adultère. — La loi Julia donne au mari seulement le droit de se plaindre de l'adultère de sa femme (3), au moins durant le mariage (4). Elle lui fait même un devoir de l'accuser, et le punit comme *lenocinium*, s'il ne divorce pas après l'avoir surprise en flagrant délit (5).

La femme sous le coup de cette accusation n'a pas le droit de se remarier (6). Son mari même ne peut pas lui pardonner et la reprendre, à moins qu'il n'ait été porté à l'accuser par suite d'une indignation sans aucun fondement (7); mais si le mari meurt durant l'instance, la femme peut en épouser un autre (8), fût-ce même son complice, mais contre lequel la condamnation d'adultère n'a pas été prononcée (9).

L'accusation étant rejetée, la femme est libre de se remarier, soit avec son mari, soit avec un tiers (10); mais une fois condamnée, elle devient à jamais incapable de convoler en secondes noces. Celui qui l'épouserait, quand même ce serait son ancien époux, se rendrait coupable des peines portées contre ceux qui font commerce de prostitution, *lenocinii* (11). Et si elle s'était remariée après la mort de son mari, mais avant que la condamnation fût prononcée, son nouvel époux devrait la répudier aussitôt qu'elle serait condamnée (12). Cette femme se trouve, par

(1) D., L. 12, § 1 et 2; L. 14, *fine, De rit. nupt.* — (2) L. 6, § 1, et L. 8, *De grad. et aff.* — (3) C., L., 1, *Ad leg. Jul. de ad.* — (4) D., L. 26, *eod.* — (5) L. 2, § 2; L. 29, pr., *eod* — (6) L. 26, *De rit. nupt.* — (7) C., L. 17, *Ad leg. Jul. de ad.* — (8) D., L. 26, *De rit. nupt.* — (9) Poth, *Contr. de mar.*, n° 231. — (10) D., L. 34, § 1, *De rit. nupt.* — (11) C., L. 9, *Ad leg. Jul. de ad.* — (12) D., L. 11, § 13, *eod.*

conséquent, dans la dure alternative, ou de garder un célibat perpétuel, ou de devenir la concubine d'un homme qui, l'ayant en cette qualité, ne tombera pas sous l'application de la loi Julia (1).

Rapt. — La loi Julia punissait de mort celui qui enlevait une femme (2). Justinien défendit au ravisseur de l'épouser. Cette défense est faite sans distinguer si la femme est libre ou esclave, mariée ou non mariée, et alors même qu'elle a consenti à l'enlèvement ou qu'elle est la fiancée du ravisseur. Celui-ci est même puni de mort, et, s'il a ravi une femme libre, ses biens sont confisqués. Les parents de la femme ont le droit de le tuer s'ils le surprennent en flagrant délit (3).

§ XI. *Empêchements provenant de l'engagement dans les ordres sacrés, des vœux solennels et de la différence de religion.—De l'engagement dans les ordres sacrés et des vœux solennels.*—L'engagement dans les ordres sacrés ne constituait pas chez les anciens Romains un empêchement au mariage. Le chef des pontifes, les flamines de Jupiter, tous les ministres des dieux du paganisme, prenaient des femmes comme les autres citoyens (4). Une seule exception était faite pour les vestales, qui, pendant les trente années de leur ministère, devaient, sous

(1) L. 1, § 2, *De concub.* — (2) L. 5, § 2, *Ad leg. Jul. de vi pub.* — (3) C., L. uniq., *De raptu virg.*, etc. — L'Église frappa également le ravisseur de pénitences sévères et de l'excommunication. Elle fit d'abord du rapt un empêchement dirimant, et, depuis le concile de Trente, le mariage entre le ravisseur et la femme ravie fut permis, si celle-ci *a captore separata, in loco tuto constituta* (Walter, *Manuel du dr. ecclés.*, § 299 ; Pothier, *Contr. de mar.*, nos 225 à 227). Le droit français donne une décision différente, plus conforme au degré actuel de notre civilisation (art. 357, C. pén.).—(4) Poth., *Pand.*, liv. 1, tit. 6, p. 10.

peine d'être enterrées vives, garder une sévère continence (1).

Sous les empereurs chrétiens, le célibat, qui avait été frappé de plusieurs peines pécuniaires par Auguste, fut érigé en vertu (2). Cependant, pendant longtemps encore, on ne crut pas devoir empêcher de se marier ceux qui se consacraient au service divin (3). Mais, plus tard, Justinien prononça la nullité d'un pareil mariage et la déposition des ordres contre celui qui l'avait contracté (4). Justinien revint ensuite sur cette décision, et punit seulement de la déposition des ordres ceux qui se mariaient après leur ordination (5).

Les vœux solennels ne constituent non plus aucun obstacle au mariage. L'empereur Jovien, cependant, punit de mort celui qui a séduit une vierge consacrée à Dieu (6).

(1) Plutarque, *Numa*. 18. Remarquons pourtant que l'entrée dans le sacerdoce mettait fin à un mariage antérieurement contracté (D., L. 60, § 1, *De dot. int. vir. et ux.*). Lorsque la femme, du consentement de son mari, devenait prêtresse de Cérès ou d'une autre divinité, le mariage était considéré comme dissous à l'amiable (Tertullien, *De Monogamia*). Plus tard, Justinien alla plus loin et permit à celui des deux époux, qui voudrait embrasser la vie religieuse, de divorcer avec son conjoint (Nov. 21, c. 5). L'Église protesta contre cette doctrine et y apporta certaines restrictions (Poth., *Op. cit.*, nos 468 et suiv.).—(2) Il paraît que c'est sous Constantin que se formèrent les premières associations de solitaires, qui se retiraient de la société et renonçaient à tous les plaisirs corporels (Gibbon, t. 6, p. 469 ; Godefroy. sur la loi 1, C., *Th.*, *De infir. pœn. cœlib.*).—(3) C., L. 1, *De nat. lib.*—(4) C., L. 45, *De episc. et cleric.*—(5) Nov. 6, c. 5; Nov. 22, c. 42.—(6) C., L. 5, *De episc. et cleric.* L'Église également, pendant plusieurs siècles, ne vit aucune cause de nullité dans le mariage contracté par une personne engagée dans les ordres sacrés ou qui avait fait des vœux solennels. C'est à partir du XIIe siècle seulement que la discipline ecclésiastique fut fixée en ce sens que l'engagement dans les ordres et les vœux solennels constituent des empêchements dirimants

Différence de religion. — La religion polythéiste des anciens était essentiellement tolérante. Elle n'excluait ni ne combattait aucune autre religion qui ne troublait pas l'ordre public ou qui ne tendait pas à détruire l'ancienne. Aussi la différence de religion ne donna naissance à aucun empêchement au mariage.

Cette tolérance disparut avec l'établissement du christianisme. Quoique les juifs eussent les mêmes droits que les chrétiens (1), l'empereur Constance leur défendit, sous peine de mort, d'épouser des femmes chrétiennes (2). Valentinien (3), Théodose et Arcadius défendirent également aux chrétiens d'épouser des femmes juives, sous peine d'adultère (4). Il paraît, cependant, que ces lois tombèrent en désuétude, car Justinien ne les inséra pas dans son Code.

Le mariage avec les païens et les hérétiques, en général, ne fut pas défendu par les lois civiles ; mais l'Église prononça des peines disciplinaires contre ceux qui contracteraient de pareils mariages (5).

§ XII. *Empêchement provenant de l'impuissance et de la vieillesse.* — *Impuissance.* — Les personnes incapables

au mariage (Pothier, *Contr. de mar.*, nos 108 à 119). — (1) C., L. 8 et 15, *De Judæis*. — (2) C. Th., L. 6, *De Judæis*. — (3) C., L. 6, *De Jud.*; L. 5, *Ad leg. Jul. de ad.* — (4) C'est-à-dire sous peine de mort, car c'est cette peine qui fut infligée aux adultères, à partir de Constantin (C., L. 30, § 1, *Ad leg. Jul. de ad.*) ; la loi Julia ne les avait frappés que de la confiscation d'une partie de leur fortune et de la relégation (Paul, *Sent.*, 2, 26, § 14). La peine capitale fut abrogée par les Novelles, qui disposent que la femme adultère sera flagellée et enfermée dans un couvent (Novelle 134, c. 10). — (5) Poth., *Contr. de mar.*, nos 243 à 251. Louis XIV déclara le premier ces mariages nuls, par son édit de novembre 1680.

d'engendrer s'appellent soit des *spadones* (1), soit des *castrati*. L'impuissance des premiers tient à une infirmité naturelle ou accidentelle, mais qui peut disparaître ; l'impuissance des seconds provient d'une mutilation qui les rend à jamais incapables d'engendrer (2). De là plusieurs différences entre ces impuissants. Les *spadones* peuvent adopter ; les *castrati* ne jouissent pas du même droit (3). Le mariage des premiers produit tous les effets des justes noces, tandis que les seconds sont inhabiles à contracter mariage (4). Aussi l'impuissant non castrat peut seul affranchir une esclave pour l'épouser, *matrimonii causa* (5).

Cependant la stérilité ou l'infirmité des *spadones* est incompatible avec le but principal du mariage. Aussi il y a là un motif suffisant pour divorcer (6), motif qui devint sous Justinien une cause légale de dissolution du mariage si l'impuissance (*naturalis imbecillitas*) durait deux années continues après que les noces avaient été célébrées (7).

Quant au mariage des castrats, il resta toujours prohibé. Léon renouvela la prohibition et frappa les contrevenants de certaines peines (8).

Vieillesse. — La loi Julia et Papia, pour relever le mariage, l'avait rendu en quelque sorte obligatoire par les peines dont elle frappait les célibataires et par les ré-

(1) Le mot *spadones* est un terme générique qui embrasse tous les cas d'impuissance (voy. D., L. 128, *De verb. sign.*; L. 39, § 1, *De jur. dot.*). — (2) Théophile, *Paraph.*, § 9, *De adopt.* — (3) D., L. 2, § 1, *De adopt. et emancip.*; Inst., § 9, *De adopt.* — (4) D., L. 39, § 1, *De jur. dot.* — (5) D., L. 14, § 1, *De man. vind.* — (6) L. 60, § 1, et L. 61, *De don. int. vir. et ux.* (7) C., L. 10, *De repud.* — (8) Nov. 98.

compenses qu'elle accordait aux personnes mariées (1). Cependant cette loi ne s'appliquait qu'à l'homme non marié, majeur de vingt-cinq ans et âgé de moins de soixante, ou à la femme non mariée, majeure de vingt ans et âgée de cinquante (2). S'ensuit-il que la loi Julia déclarait les femmes âgées de plus de cinquante ans et les hommes âgés de plus de soixante incapables de se marier? Godefroy le croit, et restitue dans ce sens un texte mutilé sur la loi Julia. Le doute provient d'un texte inséré au Code (3) et d'un passage de Sénèque le philosophe (4). Nous pensons cependant, avec Heineccius, que la loi Julia, qui permettait le mariage aux impuissants, ne put pas le défendre aux vieillards. Il est vrai qu'Ulpien, dans le § 1 (tit. XVI), paraît considérer les cinquante ou soixante années comme la limite extrême pour se marier, *finitos annos in matrimonio*, etc.; mais, dans le § 3 du même titre, il suppose un mariage contracté après cette époque. Les mots *finitos annos*, etc., font probablement allusion à cette disposition du S.-C. Pernicien, d'après lequel les personnes qui se marient après cinquante ou soixante ans ne sont pas relevées des peines portées par la loi Julia contre les célibataires.

La vieillesse, qui n'est pas un obstacle au mariage, peut cependant servir de motif suffisant pour divorcer (5).

(1) C., le tit. *De cad. toll.* — (2) Ulp Frag. 16, 1 et 3. — (3) C., L. 27, *De nupt.* — (4) Lactance, *Div.* Inst., lib. 1, c. 16. — (5) D., L. 61, *De don. int. vir. et ux.*

CHAPITRE TROISIÈME.

SANCTION DES CONDITIONS NÉCESSAIRES POUR LA VALIDITÉ DU MARIAGE.

Le droit romain ne nous présente pas sur cette matière un ensemble de règles systématiquement organisées. Au fur et à mesure qu'une prohibition au mariage a été faite, des peines ont été prononcées contre les contrevenants. Ces peines varient suivant les époques et l'importance des cas. Nous tâcherons de trouver les liens communs qui unissent toutes les parties, sauf à indiquer les règles qui sont propres à chacune d'elles. Nous parlerons ensuite de la sanction de la loi Julia, des mariages dont la nullité peut être couverte; enfin de l'influence que peut avoir la bonne ou la mauvaise foi des époux sur les résultats d'une union contractée contrairement aux prescriptions légales.

§ I. — *Conséquences générales.*

1° Le mariage qui a été contracté contrairement aux prescriptions de la loi est nul. Il n'y a ni *vir*, ni *uxor*, ni *justæ nuptiæ* (1). Une double exception existe cependant. La violation de la loi Julia n'entraîne pas, en effet, comme nous le verrons, la nullité du mariage, non plus que la violation de la règle d'après laquelle la veuve

(1) Gaïus, *Inst.* 1, § 64; Inst., § 2, *De nupt.*

ne doit pas convoler en secondes noces avant l'expiration de l'année de deuil (C., l. 1, *De sec. nupt.*). Dans tous les autres cas, la nullité est constamment proclamée (1).

Le mariage étant nul, l'homme n'acquiert ni la puissance maritale ni la puissance paternelle. La femme n'est pas son épouse; tout au plus peut-elle être, dans certains cas, sa concubine. Les enfants qui naissent de cette union n'ont pas de père certain; ils sont *spurii* ou *vulgo quesiti*, à moins qu'ils ne soient le fruit du concubinat (*naturales liberi*) (2).

2° Il n'y a non plus ni dot, ni donation, ni legs. Mais que deviennent-ils? En principe ils sont confisqués par le fisc (3). La dot, la donation ou le legs ne retournent donc plus au constituant, au donateur ou au testateur; mais l'autre époux n'en profite pas non plus, quoique le mariage soit nul : car, comme dit Ulpien, il ne faut pas que le coupable bénéficie de ce qu'il a violé la loi, *ne melior sit conditio eorum qui deliquerunt* (4).

Tout mariage donc contraire aux lois ou aux constitutions impériales emporte la caducité de la dot. Le mari doit restituer au fisc tout ce qu'il serait tenu de restituer en vertu de l'action dotale, sauf les dépenses nécessaires qui diminuent la dot de plein droit (5). Et la dot n'est plus restituée par le fisc lorsque le mariage devient valable par suite de la cessation de l'empêchement tempo-

(1) D. L. 63, 66, 68, 39, § 1, *De rit. nupt.*; C., L. 7, *De inter. matrim.* — (2) D., L. 11, *De stat. hom*; L. 5, *De concub.*; C. Th., L. 1, *De inc. nupt.* — (3) D., L. 32, § 28, *De don. inter.*; L. 2, § 1, et L. 13, *De his qui ut indig.*; L. 38, § 1 et L. 52, *De rit. nupt.*—(4) D., L. 3, § 1, *De don. inter.*—(5) D., L. 61, *De rit. nupt.*; L. 5, pr., *De imp. in res don. fact.*

raire qui l'a rendu nul (1). La dot une fois confisquée ne peut plus revenir aux époux, à moins d'une faveur spéciale du prince (2).

Cependant il y a des cas où, soit à raison de la jeunesse ou de la bonne foi, ou de la faveur que mérite l'un des époux, cette confiscation n'a pas lieu (3). Ainsi la pupille qui épouse son tuteur est censée de bonne foi ; sa dot ne sera pas confisquée, elle lui sera restituée, et elle profitera également des legs que son mari aurait pu lui avoir faits ; celui-ci seul est puni, car il est seul coupable d'avoir contracté une pareille union (4).

Le fonctionnaire qui a épousé une provinciale ne peut pas, à l'exemple du tuteur, recueillir le legs que lui a laissé sa femme ; le fisc succède à sa place. Si c'est la femme qui est légataire, la loi lui permet de recueillir le legs (5); mais la dot sera confisquée, à moins que la femme ne soit de bonne foi ou n'ait été fiancée au fonctionnaire avant son entrée en charge (6).

Quant aux donations, il faut distinguer. Si c'est l'époux donateur qui est innocent, il pourra se faire restituer la donation qu'il a faite à son conjoint, comme s'il y avait eu mariage valable, cas auquel la donation est nulle (7). Que si, au contraire, c'est le donateur qui est coupable, la donation sera revoquée ; mais elle est déférée au fisc, par exemple si c'est un tuteur qui a épousé sa pupille, ou un sénateur qui a épousé son affranchie (8). L'affran-

(1) C., L. 8, § 1, *De nupt.* — (2) C., L. 2, *De sent. pass.* — (3) C., L. 4, *De inc. nupt.* — (4) D., L. 128, *De leg.* 1° ; C., L. 7, *De inter. matr.* — (5) D., L. 2, §§ 1, 2, *De his quæ ut ind.* — (6) D., L. 38, § 1, *De rit. nupt.* — (7) C. L. 7, *De don. inter.* — (8) D., L. 32, § 28, *De don. int. vir.* Cette loi suppose évidemment que c'est le tuteur ou le sénateur qui est

chie, comme la pupille, est réputée innocente, car elle a cédé à son patron par suite de l'obéissance qu'elle lui doit.

Celui qui a constitué une dot à une femme que, par erreur, il croyait libre, tandis qu'elle était esclave, pourra se faire restituer la dot ; elle ne passera par conséquent pas au maître de l'esclave, à moins que le constituant n'ait entendu l'abandonner à la femme, quoi qu'il arrive (1).

Celui qui a épousé une mineure de douze ans qu'il croyait pubère pourra demander la dot promise à l'époque où la femme, restant unie à lui, parvient à l'âge légal (2). Si le mariage est annulé, la femme mineure pourra elle-même, vu la faveur due à son âge, exiger la restitution de la dot : il est conforme à l'intérêt public, dit le jurisconsulte, qu'elle obtienne la totalité de ce qu'elle a donné, afin qu'elle puisse se marier quand l'âge le lui permettra (3).

Cependant, comme le mariage est nul, et qu'il n'y a pas de dot sans un mariage valable (4), la femme n'aura pas l'action *rei uxoriæ* pour la répéter, mais une condiction sans cause, la *condictio ob rem dati re non secuta* (5). On attache pourtant à cette dernière le même privilége qu'à l'action *rei uxoriæ* (6), c'est-à-dire qu'elle sera exercée par préférence aux créanciers chirographaires du mari.

donateur ; autrement elle serait contraire à la loi 7 du Code, même titre (M. de Savigny, *Op. cit.* 4, § 162, 5, note *h*). — (1) D., L. 59, § 2, *De jur. dot.*— (2) D., L. 68, *eod.*— (3) D., L. 17, § 1, *De reb. auct. jud. poss.* — (4) D., L. 3, *De jur. dot.* —(5) C., L. 1, *De cond. ob caus. dat.*— (6) D., L. 18 et 19, *De reb. auct. jud. poss.*

Supposons qu'une femme s'est trompée sur la condition de son mari, qu'elle l'ait cru libre tandis qu'il était esclave,—son action quasi-privilégiée passera-t-elle avant la créance que le maître peut avoir contre le pécule de son esclave? En général le maître passe avant tous les créanciers de l'esclave (1) et par conséquent aussi avant la femme. Cependant, il est juste que la femme le prime au moins pour la restitution de sa dot et pour les choses qui ont été achetées avec la dot (2).

Ainsi, de même que les donations et les legs, la dot n'était pas confisquée lorsque, soit à cause de l'âge tendre de l'époux, soit à cause de sa bonne foi, il ne méritait pas d'être traité avec trop de rigueur par le législateur (3).

3° Le domicile de la femme sera son propre domicile, et non celui de l'homme auquel elle s'est unie. C'est par conséquent à son domicile d'origine qu'elle acquittera les charges personnelles dont son sexe est capable, et non à celui de son prétendu époux (4).

4° Le mariage n'existant pas, la femme ne peut pas se rendre coupable d'adultère, et par conséquent l'homme qui vit avec elle ne peut pas la poursuivre ni *jure mariti*, ni comme étranger. Lorsque l'épouse légitime se rend coupable d'adultère, son époux doit la répudier (5), et deux classes de personnes ont le droit de la poursuivre : son

(1) D., L. 52, pr., *De peculio*. — (2) D., L. 22, § 13, *De sol. matr.* — (3) Remarquons que cette question relative à la confiscation des donations, des legs et de la dot, ne peut pas se soulever pour le mariage qui existe *jure gentium*, ou pour l'union que les affranchis contractent ensemble. — (4) D., L. 37, § 2, *Ad municip.*, et L. 32 et 38, § 3, *eod.* — (5) D., L. 2, § 2, ; L. 29, pr., *Ad leg. Jul. de ad.*

mari ou son père si elle est encore en sa puissance, et les étrangers. Mais les premiers jouissent d'un privilége : il leur est accordé soixante jours utiles après le divorce (1) pour demander à la justice la punition de l'adultère, et aucun autre ne jouit de cette faculté pendant cet intervalle (2).

Après l'expiration de ce délai, quatre mois utiles sont accordés aux étrangers (3), pendant lesquels le mari ou le père, qui ont laissé passer les soixante jours, peuvent également agir comme simples étrangers (4).

Cependant, le privilége du mari disparaît s'il est mineur de vingt-cinq ans, s'il est noté d'infamie, ou si, étant affranchi, il n'a pas 30,000 sesterces ou un fils (5). Il ne pourra plus alors poursuivre sa femme *jure mariti*, mais rien ne l'empêche d'agir pendant les quatre mois qui sont donnés à tous les étrangers (6).

Mais dans le cas où le mariage a été contracté contrairement aux lois, il n'y a ni époux ni épouse, et par conséquent point d'adultère à punir (7). Nous trouvons cependant quelques restrictions apportées à ce principe.

Ainsi, le citoyen romain qui épouse une étrangère ne contracte pas un mariage légitime; mais si l'union n'est entachée que de ce seul vice, la loi la reconnaît comme un mariage du droit des gens et y attache certains effets. Aussi Papinien nous dit que la femme se rendra, dans ce cas, coupable d'adultère, si elle a des relations avec un

(1) L. 30, § 1 ; 11, § 5, *eod.*; C., L. 15 et 21, *eod.* — (2) L. 14, § 2, *eod.* — (3) D., L. 4, § 1, *eod.* — (4) C., L. 6, *eod.* — (5) *Collat. leg. Mosaïc.*, tit. 4, §§ 4 et 5. — (6) D., L. 11, § 6, *Ad leg. Jul. De ad.* — (7) L. 13, § 6 et 8, *eod.*; C., L. 23 et 24, *eod.*

autre, et que son époux pourra en poursuivre la punition. Mais agira-t-il *jure mariti*, ou comme simple étranger? Papinien pense qu'il ne pourra agir que comme étranger; seulement, on ne pourra lui opposer ni son infamie ni sa qualité d'affranchi (1). Ulpien paraît au contraire accorder à l'époux le droit d'agir *jure mariti* (2), et exclure ainsi les étrangers pendant les premiers soixante jours utiles à partir de la répudiation.

Il en est de même pour la femme qui a été faite prisonnière. Quoique rigoureusement le mariage n'existe plus, Ulpien pense qu'il est plus équitable de décider que le mari conservera le droit de l'accuser *jure mariti*, si volontairement elle commet un adultère chez l'ennemi (3).

Enfin, Ulpien décide que lorsque le mariage a été contracté de bonne foi, constituerait-t-il même un inceste, le mari pourra poursuivre l'adultère de sa femme *jure mariti* (4).

§ II. *Conséquences particulières.*

Il faut distinguer ici tout d'abord les mariages qui sont prohibés par l'usage (*moribus*), et ceux qui sont défendus par suite de considérations purement civiles ou politiques. La prohibition des premiers est fondée sur la parenté, l'alliance, ou certaines raisons de convenances; aussi elle est permanente et empêche toute es-

(1) *Collat. leg. Mosaïc.*, tit. 4, § 5. — (2) D. L. 13 pr., et § 1, *Ad leg. Jul de ad.* — (3) L. 13, § 7, *eod.* — (4) § 4, *eod.*

pèce d'union entre l'homme et la femme. Les empêchements fondés sur d'autres causes sont, au contraire, le plus souvent temporaires (1) ou susceptibles d'être levés par une dispense (2), et ils ne font pas obstacle au concubinat (3).

1° *Empêchements fondés sur la parenté ou l'alliance.*— L'union contractée au mépris des empêchements provenant de la parenté ou de l'alliance est dite incestueuse (4). Les Romains reconnaissent deux sortes d'incestes : l'inceste du droit des gens, *juris gentium,* et l'inceste simple ou du droit civil, *juris civilis*. Le premier est l'union criminelle, *nefariæ nuptiæ* (5), entre ascendants et descendants; union contraire à la nature, prohibée par l'usage chez les Romains comme chez tous les peuples (6), et que rien ne peut excuser. Le second est l'union des collatéraux ou des alliés qui sont déclarés incapables de se marier, soit par les mœurs, soit par les constitutions impériales. Ce dernier inceste sera puni moins sévèrement si le mariage a été fait publiquement, *palam :* les époux sont alors présumés avoir été induits en erreur. Les collatéraux ou les alliés sont, au contraire, punis plus sévèrement lorsque le mariage a eu lieu clandestinement, *clam :* aucune excuse n'est admise dans ce cas, non plus que lorsqu'il s'agit de l'inceste *juris gentium* (7).

(1) D., L. 27, 66, 165, § 1, *De rit. nupt.* — (2) L. 31, *eod.*; C., L. 7, *De inter. matr.* — (3) D., L. 1, § 2; L. 5, *De concub.* — (4) L. 39, § 1, et L. 56, *De ril. nupt.* — (5) Inst., § 1, *De nupt.* — (6) D., L. 8, *De rit. nupt.* — (7) D., L. 68, *eod.* Ce texte, qui appartient à Paul, parle de l'inceste que commettaient les alliés en ligne collatérale en se mariant. Mais, à l'époque de ce jurisconsulte, le mariage n'était pas prohibé entre le beau-frère et la belle-sœur. Il y a donc là une interpolation de Tribonien.

L'union incestueuse emporte la confiscation de la dot, des donations que les époux se sont faites avant ou après le mariage (1); c'est un effet commun à tous les mariages illicites. Ce qu'il y a de particulier pour l'inceste, c'est que les époux, en vertu d'une constitution d'Arcadius et d'Honorius, ne peuvent avoir d'autres héritiers testamentaires ou *ab intestat* que les parents en ligne directe et certains collatéraux. A défaut de ces personnes, leurs biens sont attribués au fisc (2). Plus tard, leurs biens passèrent aux enfants légitimes, ou, à défaut d'enfants, au fisc. A ces peines il faut ajouter l'exclusion de toute magistrature, la déchéance de la puissance paternelle, le fouet si les époux étaient de basse condition (3), et enfin la déportation (4).

Cependant la femme est facilement excusable si l'inceste est du droit civil; mais elle ne l'est pas si l'inceste est du droit des gens (5) : dans le premier cas seulement elle peut invoquer son erreur de droit (6), car il lui est permis d'ignorer la loi civile, mais non la loi naturelle.

L'âge des époux ou leur bonne foi peut les relever de toutes ces peines, s'ils rompent leur union aussitôt qu'ils s'apercevront de leur erreur (7), et avant toute poursuite (8).

2° *Empêchements fondés sur des considérations civiles*

(1) D., L. 52 et 61, *eod.*; C., L. 4 et 6, *De inc. et in. nupt.* — (2) C., L. 6, *eod.* — (3) Nov. 12, c. 1. — (4) Paul, *Sent.*, 2, 26, § 15. Cependant, au titre 19, § 5, Paul nous dit qu'en cas d'inceste on applique la peine dont on frappe les adultères, et cette peine est la relégation, et non la déportation (tit. 26, § 14). Aussi il y a des auteurs qui pensent qu'il faut lire dans le § 15 *relegatio* et non *deportatio*. — (5) D., L. 38, § 2, *Ad leg. Jul. de ad.* — (6) L. 38, § 4, *eod.*; Paul, *Sent.*, 2, 19, § 5. — (7) C., L. 4, *De inc. et in. nupt.* — (8) D., L. 38, § 6, *Ad leg. Jul. de ad.*

ou politiques. — Ces mariages ne constituent pas un inceste, mais ils peuvent, dans certains cas, être assimilés au proxénétisme ou à l'adultère. Ainsi, celui qui épouse une femme condamnée comme adultère est noté d'infamie par la loi Julia, comme celui qui fait commerce de la prostitution de sa femme (1). Le tuteur ou le curateur qui épouse sa pupille peut être accusé comme adultère et puni comme tel (2), de même que le chrétien qui épouse une juive (3).

Le tuteur ou le curateur est en outre noté d'infamie (4), et les peines sont prononcées contre lui *extra ordinem* (5). De plus, on ne lui permet pas d'invoquer comme excuse son erreur de droit (6), et si le tuteur est un affranchi, il encourt la relégation (7).

La femme libre, ingénue ou affranchie, qui épouse un esclave, risque de perdre sa dot avec tous ses autres biens : en effet, l'ingénu qui s'unit à une esclave encourt la *maxima capitis deminutio* en vertu du sénatus-consulte Claudien, et toute sa fortune passe au maître (8) ; mais pour que ce résultat se produise, il faut qu'elle ait contracté cette union (*contubernium*) malgré le maître ; que celui-ci lui ait signifié trois fois son refus, et qu'il obtienne un décret du magistrat qui la déclare son esclave (9). Il faut enfin que l'esclave auquel cette femme s'est unie n'appartienne ni à son fils, ni à son propre affranchi (10). Lorsque l'ingénue

(1) C., L. 9, *Ad leg. Jul. de ad.;* D., L. 1, *De his qui not.*—(2) D., L. 7, *Ad leg. Jul. de ad.* — (3) C., L. 5, *Ad leg. Jul. de ad.* — (4) D., L. 66, pr., *De rit. nupt.* — (5) C., L. 7, *De int. matr.* — (6) C., L. 1, *eod.* — (7) D., L. 64, pr., *De rit. nupt.* — (8) Ins'.. § 1, *De succ. subl.*; Paul, *Sent.*, 2, 21 A. — (9) Paul, § 17, *eod.*— (10) *Eod.* § 16.

obtient le consentement du maître, elle demeure libre, mais elle est considérée comme affranchie (1).

Si la femme qui contracte une pareille union est une affranchie, elle devient l'esclave de son propre patron, si elle l'a fait à son insu ; ou l'esclave du maître de son époux, si son patron a consenti au mariage (2).

Justinien, considérant ces dispositions comme « indignes de son siècle », abrogea le S. C. Claudien. La femme ne perd plus sa liberté et ses biens, dans aucun cas, en épousant un esclave ; seulement, on infligera à celui-ci certains châtiments (3).

La veuve qui se remarie avant l'expiration de l'année de deuil est notée d'infamie (4), mais son nouveau mariage demeure valable (5). Elle est, en outre, frappée de plusieurs incapacités : ainsi, elle perd les titres que son premier mari lui a transmis (6), la tutelle (7) et le droit d'élever ses enfants (8) ; les donations que lui a faites son ancien époux passent aux enfants ou à certains parents, et en dernier lieu au fisc ; les étrangers ne peuvent rien lui laisser à cause de mort, — une pareille donation est nulle ; enfin, elle est incapable de succéder *ab intestat* à ses propres cognats au delà du troisième degré (9). Plus tard, elle put être relevée par le prince de ces incapacités, moyennant certaines conditions (10).

Les secondes noces furent très-favorisées par Auguste,

(1) Tacite, *Ann.* 12, c. 53. — (2) Paul, *Sent.*, 2, 21, *A.*, §§ 6 et 7. — (3) C., L. uniq., *De S. C. Claud. toll.* — (4) D., L. 11, § 2, *De his qui not.*; C., L. 15, *ex quib. caus. inf.* — (5) C., L. 1, *De sec. nupt.* — (6) D., L. 8 et 12, *De senat.* — (7) C., L. 2, *Quand. mut. tut.* — (8) C., L. 1, *Ubi pup. educ.*; Nov., 22, c. 3. — (9) C., L. 1, *De sec. nupt.* — (10) C., L. 4, *Ad S. C. Tertull.*, Nov. 22, c. 22.

dans le but d'accroître la population de l'empire. La loi Papia ne donnait aux conjoints que deux ans en cas de mort, ou un an et demi en cas de divorce, pour se remarier (1), sous peine probablement d'être considérés comme célibataires.

Plus tard, on prit des précautions pour protéger les intérêts des enfants nés du premier mariage, et on frappa le conjoint qui se remariait de certaines incapacités, et notamment de l'incapacité de disposer de certains biens. Pothier en donne la liste détaillée (2).

§ III. *Sanction de la loi Julia.*

La loi Julia, comme nous l'avons vu, défend à tout ingénu d'épouser certaines femmes déshonorées, et aux sénateurs et à leurs descendants d'épouser des affranchies (3). Par l'interprétation des jurisconsultes, toutes les prohibitions prononcées contre les ingénus furent naturellement appliquées aux sénateurs (4). La prohibition fut même étendue à toutes les personnes que l'édit du préteur déclare infâmes, et qui devinrent ainsi incapables de contracter mariage avec un sénateur ou un ingénu (5).

Si, contrairement à cette défense, le mariage a eu lieu, la sanction n'est pas la nullité ; les époux sont simplement privés de certains avantages que la loi accordait aux hommes mariés, à l'exclusion des célibataires. Plu-

(1) Ulp., *Reg.*, tit. 14.— (2) *Pand.*, liv. 25, tit. 7, *Append.*— (3) Ulp., *Reg.*, tit. 13. — (4) D., L. 44, § 8, *De rit. nupt.*— (5) Ulp., 16, § 2. Le mot *famosam* qu'emploie Ulpien est synonyme de *infamam*, comme on peut le voir dans le Dig., lib. 6, § 1, *De his qui not. inf.*

sieurs textes prouvent que telle a dû être la sanction de la loi Julia.

Ulpien nous dit, en effet, que ceux qui contractent une union défendue par la loi Julia deviennent incapables d'acquérir par testament, *capere legatum* (1). Il ne met donc pas en question l'existence même du mariage; il parle seulement des avantages dont il est privé.

Un autre jurisconsulte nous présente comme controversée la question de savoir si les enfants issus d'un pareil mariage peuvent être considérés comme *justi liberi*, lorsqu'il s'agit pour le père de refuser une tutelle, et le jurisconsulte admet l'opinion la plus favorable (2). Le mariage existe donc même dans l'opinion contraire, qui met en question seulement la faveur *spéciale* accordée à ceux qui ont trois enfants, mais n'attaque pas en elle-même la légitimité des enfants.

La loi Julia et les jurisconsultes qui l'ont développée défendent aux hommes libres d'épouser des infâmes. Or, si la sanction de cette loi était la nullité, il faudrait dire que la femme qui se remarie avant l'expiration de l'année de deuil contracte un mariage nul; mais cette conclusion serait tout à fait contraire aux termes formels de la loi (3).

Enfin, ce qui est décisif, c'est qu'il a fallu un décret du sénat, rendu sous Marc-Aurèle, pour prononcer la nullité des mariages entre les affranchis et les sénateurs ou fils de sénateurs (4). D'où il faut conclure, avec M. de

(1) Ulp., *Reg.*, 16, § 2. — (2) *Frag. Vatic.*, § 168 — (3) C., L. 1, *De sec. nupt.* — (4) D., L. 16, pr., *De rit. nupt.*

Savigny(1), qu'avant ce sénatus-consulte les mariages entre affranchis et sénateurs n'étaient pas nuls; qu'avant et depuis, les mariages des sénateurs avec les infâmes, en général, ne furent pas nuls, seulement on frappa de nullité leur mariage avec les comédiens ou leurs enfants et certaines personnes de mauvaises mœurs (2).

Quant au mariage que les ingénus contractaient avec ces personnes, il continua sans doute d'être valable, car Marc-Aurèle ne s'en occupa point. Mais cette union demeura, comme auparavant, privée des avantages attachés par la loi Julia aux mariages en général.

A partir de Justinien, ces mariages devinrent valables, et aucune peine ne frappa plus ceux qui les contractaient (3).

§ IV. *Des mariages dont la nullité peut être couverte.*

La nullité des mariages incestueux ou contraires aux bonnes mœurs ne peut être effacée d'aucune manière. L'empereur même ne s'est pas réservé un pareil pouvoir (4). Cependant, lorsque la parenté ou l'alliance n'est due qu'à l'adoption, nous avons vu qu'une fois ce lien détruit, il y a certains cas où le mariage devient possible.

Les empêchements fondés sur d'autres causes que la parenté ou l'alliance sont susceptibles de disparaître

(1) *Traité du dr. rom.*, trad. par Guenoux, tom. 2, *App.* 7, n° 3. — (2) D., L. 42, § 1, *De rit. nupt.*; C., L. 1, *De nat. lib.*; L. 7, *De incest.* — (3) Nov 118, c. 6.— (4) D., L. 38, § 6, *Ad leg. Jul. de ad.*; L. 57, § 1, *De rit. nupt.*

quelquefois, soit par une dispense, soit par le laps de temps ou par la volonté des parties.

Anciennement, le peuple romain, assemblé dans ses comices, accordait des dispenses aux étrangers ou aux affranchis qui désiraient se marier avec des citoyens romains (1). A la fin de la république, ce pouvoir passa aux empereurs (2).

Plusieurs empêchements ne durent pas au-delà d'une certaine époque, après laquelle le mariage devient légitime. Supposons qu'un sénateur a épousé une affranchie : son mariage deviendra valable aussitôt qu'il cessera d'être sénateur, si les deux époux persévèrent dans la même intention. Il en est de même de celui qui s'est marié en province avec une femme qu'il lui était défendu d'épouser (3). Le tuteur peut également épouser sa pupille qui a dépassé vingt-six ans ; la veuve est libre de se remarier lorsque la confusion de part n'est plus à craindre ; le mariage du mineur deviendra valable aussitôt qu'il atteindra sa majorité (4). Il en est de même du mariage contracté sans le consentement des parents : il deviendra valable à partir du moment où ce consentement sera obtenu (5).

Enfin, nous pouvons dire d'une manière générale que, toutes les fois que la cause qui empêchait le mariage cesse d'exister, le mariage acquiert la validité dont il manquait. Mais cette validité n'a aucun effet dans le passé ; par conséquent, les enfants nés avant cette épo-

(1) Ulp., *Frag.*, 5, § 4; Tite-Live, liv. 39, 19.—(2) D., L. 31, *De rit. nupt.*; L. 7, *De int, matr.*—(3) L. 27 et 65, § 1, *De rit. nupt*.—(4) D., L. 4, *De rit. nupt*. — (5) L. 68, *De jur. dot.*

que restent en dehors de la puissance paternelle (1), et la dot demeure confisquée, dans le cas où cette confiscation est prononcée (2).

Il y a un cas spécial où la volonté des parties peut rendre le mariage valide. Ainsi, l'affranchi citoyen romain n'a pas le *connubium* avec la femme d'une colonie latine ; la loi ne tient par conséquent aucun compte du mariage qu'ils contractent ensemble. Cependant, en vertu de la loi Ælia Sentia, s'ils ont constaté leur union devant sept témoins, citoyens romains, pubères, et s'ils ont un fils âgé d'un an, ils peuvent, s'ils le veulent, se présenter devant le magistrat, prouver ces faits, obtenir ainsi la qualité de citoyens avec leur enfant, et rendre de cette manière leur mariage valable. Les jurisconsultes appellent ce moyen d'arriver à la cité *causæ probatio* (3).

§ V. — *Mariage contracté de bonne foi.*

Quelques-unes des conséquences qu'entraîne la violation des empêchements au mariage disparaissent lorsque les époux ou l'un d'eux sont de bonne foi. Il y a même des cas où la loi, à cause de l'âge, du sexe, de la publicité donnée à la célébration du mariage, ou bien du nombre des enfants ou de toute autre circonstance favorable, présume la bonne foi et relève les époux des peines qu'ils auraient pu encourir. Nous avons déjà vu plusieurs applications de ce principe relativement à l'inceste, au tuteur qui épouse sa pupille, ou à l'administra-

(1) L. 11, *De stat. hom.*; L. 65, § 1, *De rit. nupt.*; C , L. 6, *De nupt.* — (2) C., L. 8, *De nupt.*— (3) Gaïus, *Inst.*, 1, §§ 28 à 32.

teur qui épouse une provinciale. En voici encore quelques-unes.

Une jeune fille, *ignara juris*, se laisse influencer par son aïeul et épouse son oncle paternel; cette union incestueuse dure quarante ans et il en naît beaucoup d'enfants. Marc-Aurèle, touché de toutes ces circonstances et de la bonne foi de la femme, confirme l'état de ses enfants comme s'ils étaient nés d'un mariage légitime (1).

Remarquons que, dans ce cas, il s'agit d'un inceste simple ou du droit civil; l'inceste du droit des gens n'admet aucune excuse (2).

Une femme dont le mari est absent depuis longtemps, trompée par de faux bruits, le croit mort et convole en secondes noces; le premier mari revient: le second mariage est annulé, mais on n'appliquera pas à la femme, vu sa bonne foi, les peines qu'on inflige aux bigames (3).

Antonin le Pieux suppose qu'un sénateur a épousé une affranchie qui l'a trompé en se donnant pour ingénue; ce mariage est valable, car c'est seulement le sénatus-consulte de Marc-Aurèle qui en a prononcé la nullité: mais aucune dot n'existe, et tout pacte qui s'y réfère sera non avenu. Cependant Antonin le Pieux prend en considération la bonne foi du sénateur, et lui donne une action *ad exemplum prætorii edicti,* c'est-à-dire une action de dol, pour réclamer l'exécution du pacte intervenu

(1) D., L. 57, § 1, *De rit. nupt.* Voy., dans le même sens, la loi 38, §§ 4 et 5, *Ad leg. Jul. de ad.* — (2) L. 68, *De rit. nupt.;* C., L. 4, *De inc. et inut. nupt.* — (3) D., L. 11, § 12, *Ad leg. Jul. de ad.;* dans le même sens, la loi 7, au Code, *De repud.*

entre lui et sa femme, et en vertu duquel il gagnait une partie de la dot promise (3).

Une femme libre, se croyant à tort esclave, vit en *contubernium* avec l'esclave d'autrui. Cette union ne compromet pas sa liberté tant qu'elle est de bonne foi ; elle ne deviendra définitivement esclave du maître de son mari que si elle persiste à vivre en *contubernium* après avoir découvert son erreur (2).

Un citoyen romain épouse par erreur une Latine ou une pérégrine : son mariage par conséquent n'existe pas légalement; mais s'il a un fils de cette union et s'il parvient à prouver son erreur, *causam erroris probare*, sa femme et son fils acquerront la qualité de citoyens romains et le mariage deviendra valable (3).

On voit, par ces différents exemples, que l'origine des mariages qu'on appelle aujourd'hui putatifs se trouve dans le droit romain, et non dans le droit canonique, qui n'a fait que généraliser la théorie romaine, la développer et lui donner la précision et l'unité dont elle manquait.

(1) D., L. 58, *De rit. nupt.*; Pothier, *Pand.*, *eod.*, n° 73, note 3. — (2) Paul, *Sent.*, tit. 21, *A.*, § 12. — (3) Gaius, *Inst.*, 1, § 67 et suiv.; Ulp., *Frag.*, tit. 7, § 4.

DROIT FRANÇAIS.

DES FORMALITÉS ET CONDITIONS NÉCESSAIRES POUR LA VALIDITÉ DU MARIAGE.

DÉFINITION DU MARIAGE.

Il y a dans le mariage, comme dans la famille, trois éléments inséparables : l'élément naturel, l'élément moral et l'élément légal. Le premier résulte de ce besoin qui attire les deux sexes l'un vers l'autre pour se compléter et perpétuer leur espèce. « Le mariage, dit Fichte, est une loi impérieuse pour tout individu..... L'homme non marié n'est homme qu'à moitié. » L'élément moral est celui qui caractérise l'union de l'homme et de la femme, car l'élément naturel se rencontre chez tous les animaux. Cependant la loi morale ne doit « ni annuler, ni amoindrir l'élément naturel, mais l'ennoblir et l'élever à la hauteur des autres éléments constitutifs de l'homme (1).» L'élément légal enfin donne au mariage sa forme.

Placé à ce triple point de vue, Hegel définit le mariage « l'amour moral sanctionné par la loi. » Cette définition philosophique est peut-être la meilleure qui puisse être donnée du mariage considéré d'une manière générale.

Mais au point de vue spécial de la loi positive française, nous pouvons définir le mariage, avec Pothier (n° 3) : « un contrat revêtu des formes que les lois ont prescrites par lequel un homme et une femme habiles à faire ensemble ce contrat s'engagent réciproquement l'un envers l'autre à demeurer toute leur vie ensemble dans l'union qui doit être entre un époux et une épouse. »

Ce contrat, le plus ancien et le plus excellent de tous (2), se sépare des autres par les effets juridiques auxquels il donne naissance, et par la nature des relations qu'il établit entre l'homme et la femme. Le mariage crée, en effet, la famille, et produit la parenté, l'alliance, le pouvoir marital, la puissance paternelle. Les rapports qu'il établit entre les parties contractantes sont tels qu'elles se confondent pour ainsi dire, et ne forment qu'une seule personne ; *sunt duo in carne una*. Ce n'est pas seulement un ou plusieurs actes déterminés que les époux se doivent réciproquement ; mais leur corps, leur âme, toute leur existence. L'homme et la femme complètent ainsi ce qu'il y avait de défectueux dans leur individualité (3).

La somme des droits et devoirs existant entre les

(1) M. de Savigny, *Droit romain*, trad. Guenoux, § 54. — (2) Poth., *Contr. de mariage*, n° 1. — (3) M. de Savigny, *op. cit.*, § 53.

époux n'est pas en équilibre parfait : l'homme absorbe presque la personnalité de la femme ; le contrat intervenu entre eux est un contrat synallagmatique inégal. Cette inégalité résulte de la nature même des choses, et elle est une condition nécessaire pour l'existence de ce lien qui attache deux personnes formant en quelque sorte un seul être. Il arrive cependant fréquemment que la loi positive depasse les limites où doit s'arrêter cette inégalité, et s'expose ainsi, soit à commettre une injustice, soit à diminuer le prestige et les garanties dont le mariage doit être entouré (1).

Le mariage, par suite des nombreux rapports juridiques qu'il fait naître, et de l'importance qu'il a dans la société, ne doit pas se former sans l'intervention de l'État. C'est cette intervention qui peut lui imprimer le caractère de certitude dont il a besoin, et éloigner ainsi les doutes qu'on pourrait soulever sur son existence. La loi romaine, qui laissait ce contrat parmi les actes purement privés, a été généralement répudiée (2) ; aujourd'hui, le mariage est un contrat solennel : sa validité dépend de l'accomplissement de plusieurs formalités (3).

Ces formalités doivent s'accomplir pardevant l'autorité civile ; car ce contrat, comme les autres, est exclusivement soumis à l'action de la loi civile. Ce principe, proclamé par Tanucci en 1751, pratiqué depuis longtemps

(1) C. pr, les art. 124 ; 212 et 308, C. Nap., et 339, C. pén. — (2) Aux États-Unis d'Amérique, le mariage est considéré comme un contrat purement privé. Art. 13 et 18. — Toutes les fois que nous faisons une citation des Codes civils étrangers, c'est à la *Concordance des Codes civils étrangers et du Code Napoléon*, par A. de Saint-Joseph, 2e édit., qu'il faudra se référer. — (3) Art. 165 à 171, C. Nap.

en Hollande et reconnu déjà en partie en France avant 89 (1), a été définitivement consacré par la Constitution des 3-14 septembre 1792 (Tit. II, art. 7) : c'était là une conséquence nécessaire de la séparation faite entre la loi civile et la loi religieuse. Les pays où cette confusion existe encore considèrent le mariage comme un contrat religieux (2).

Pour garantir le mariage contre l'instabilité des passions humaines, il faut le déclarer indissoluble. Cependant, le législateur doit tenir compte de certaines nécessités morales ou juridiques, et faire fléchir le principe de l'indissolubilité dans certains cas limitativement déterminés. Les pays catholiques qui répudient le divorce ont admis la théorie des nullités et la séparation de corps (3). En France, le divorce, introduit par la loi des 20-25 septembre 1792, fut aboli par la loi du 8 mai 1816 : aujourd'hui il n'existe pour les époux que la ressource des nullités et de la séparation de corps.

Les solennités du mariage et son indissolubilité sont des caractères accidentels, de création purement civile, qui ne sont ni nécessaires, ni universels. Les relations, au contraire, que le mariage produit entre les époux, de même que les effets qu'il engendre, portent l'empreinte de la nécessité et de l'universalité, nonobstant les va-

(1) Poth., *Contr. de mar.*, n°s 321 à 336, 361 à 363, 426 à 436, 452 à 455.—(2) Il en est ainsi en Italie, dans beaucoup de pays allemands, au Portugal, au Danemark, dans les Principautés-Unies, dans l'Amérique du Sud, etc. — (3) Le mot *dissolubilité* peut être pris dans un sens générique ; il s'applique alors, non-seulement quand il y a divorce, mais même lorsqu'il y a séparation de corps ou que le mariage est annulé (M. Demolombe, 3, n° 124 ; Droit commun allemand, art. 115).

riétés de détail qui peuvent se rencontrer chez les différents peuples.

La loi française n'admet qu'une seule espèce de mariage : elle n'attribue au concubinat d'autre effet que celui d'empêcher quelquefois le mariage entre l'un des concubins et les parents de l'autre (*voy.* section V). Le législateur français a justement repoussé, comme attentatoires aux bonnes mœurs, ces mariages *ad morganiticam*, ou mariages *de la main gauche*, qui se pratiquaient du temps de Pothier (1) et se pratiquent encore aujourd'hui en Allemagne (2). Il a également repoussé ces mariages, communs en France avant 89 qui, quoique parfaitement valables, ne produisaient aucun effet civil (3). Un seul et unique mariage est aujourd'hui considéré comme légitime en France. Mais ce mariage unique n'a pas le même caractère exclusif qu'il avait à Rome : les étrangers peuvent valablement se marier en France, et les autorités françaises sont compétentes pour célébrer leur union.

Le mariage que les nègres contractaient entre eux avec le consentement de leur maître était autrefois en France privé de tout effet civil ; il était régi par le simple droit naturel, comme l'union des esclaves chez les Romains (4);

(1) Poth., *Op. cit.*, n° 10, § 2. — (2) Ce mariage, permis aux membres de la famille régnante, aux seigneurs médiatisés et à ceux qui ont obtenu la permission du souverain, ne fait pas participer la femme à la dignité et aux honneurs de l'époux ; elle n'a droit qu'au douaire stipulé en sa faveur, et les enfants ne succèdent pas aux biens féodaux de la famille. C'est le *concubinatus* des Romains (Dr. com. allemand, art. 94 ; surtout le C. prussien, art. 835 et suiv., et le Code wurtembergeois, art. 54 à 58). — (3) Poth., *Op. cit.* n°s 426 à 436. — (4) Poth., *Contr. de mar.* n° 10, § 3.

les blancs furent aussi empêchés de contracter mariage avec des personnes de sang mêlé (1).

Ces distinctions, aussi arbitraires qu'injustes, ont cessé d'exister. Le Code ne reconnaît plus d'esclaves, et la défense faite aux blancs d'épouser des personnes de sang mêlé a été abolie d'abord pour la France continentale (2), ensuite pour les colonies (3).

Le Code Napoléon, conformément aux principes de l'égalité et de la liberté de conscience proclamés pendant la Révolution, ne prohibe pas le mariage entre personnes qui sont de conditions différentes, ou qui ne professent pas la même religion. Beaucoup de pays étrangers n'ont pas su imiter cet exemple, si conforme à l'esprit du christianisme. Ainsi, en Prusse, les nobles, à l'exception des filles nobles, ne peuvent se marier avec des personnes de la classe des paysans ou de petite bourgeoisie, que moyennant une dispense (4), et dans tous les États où le droit canon est en vigueur le mariage est défendu entre chrétiens et non chrétiens (5). Le Portugal pousse si loin l'esprit d'intolérance, qu'il prononce la peine de mort contre le chrétien qui épouserait une juive (6).

(1) M. Demolombe, 3, 133. — (2) Lois des 28 sept., 16 oct. 1791 et 30 ventôse an XII. — (3) Ordonnance du 24 février 1831, et loi du 24 avril 1833. Cette prohibition continue d'exister en Louisiane et au Massachussets. — (4) Code pruss., art. 30 à 33. — (5) C. autrich., art. 64 ; Bavarr., art. 8, 6° ; Brunswick, art. 11 ; Francfort, art. 9, 4° ; Pologne, loi du 2? juin 1836, *Sur le mariage* art. 24 ; Prusse, art. 126 ; Toscane, art 41-4° ; Principautés-Unies, C. Caragia, partie 3, ch. 16, art. 2, et Niphon, pag. 85 et 89 ; Russie, art. 30 et ukase du 6 fév. 1850, art. 1-7° ; Serbie, art. 69-*i*. — (6) C. portug., art. 129.

CHAPITRE PREMIER.

DES QUALITÉS ET CONDITIONS NÉCESSAIRES POUR POUVOIR CONTRACTER MARIAGE.

Il y a certaines conditions que la nature elle-même impose aux personnes qui veulent contracter mariage, comme la différence de sexe, la puberté, le consentement réciproque. Mais la loi positive a dû intervenir ici, comme partout, pour régler une liberté dont les hommes auraient abusé, et pour conserver au mariage la pureté et la dignité dont il jouit. Cette intervention est parfaitement légitime, et il n'y a pas d'État plus ou moins policé qui ne l'ait jugée nécessaire. Il est vrai que le législateur s'expose souvent à consacrer des mœurs qui dégradent cette belle institution (1), mais son action n'en est pas moins salutaire. Le législateur peut commettre des fautes, mais elles sont toujours moins graves que celles auxquelles s'exposerait chaque individu si le mariage devait se régir d'après ses propres lois.

Parmi les conditions exigées par la loi française pour contracter mariage, les unes se réfèrent aux solennités qui doivent précéder, accompagner et quelquefois suivre le mariage ; d'autres, aux qualités que doivent avoir les époux, à leur consentement et à celui de certaines autres personnes.

L'absence d'une condition constitue ce qu'on appelle,

(1) Par exemple, la polygamie et le mariage morganitique.

d'après le droit canon, un empêchement au mariage. La doctrine distingue avec raison deux sortes d'empêchements : les empêchements relatifs ou absolus, et les empêchements prohitifs ou dirimants. L'empêchement est relatif lorsqu'on ne peut épouser certaines personnes déterminées (1), absolu lorsqu'on ne peut épouser qui que ce soit (2). L'empêchement prohibitif n'entraîne pas la nullité du mariage une fois célébré ; l'empêchement dirimant, au contraire, entraîne toujours cette nullité.

Les conditions mentionnées dans ce premier chapitre sont relatives à l'âge des époux, à leur consentement, à celui des personnes sous l'autorité desquelles ils se trouvent, à l'existence d'un premier mariage, à la parenté et à l'alliance. D'autres conditions sont encore exigées par le Code Napoléon ; quelques-unes donnent lieu à de grandes difficultés.

SECTION PREMIÈRE. — *De l'Age*

L'une des fins principales du mariage, c'est la procréation des enfants ; il faut, par conséquent, que l'homme et la femme soient parvenus à l'époque de la virilité pour pouvoir s'épouser. La loi française exige que l'homme ait dix-huit ans, et la femme quinze ans révolus (art. 144). Dans l'ancien droit, de même que dans le droit romain (3), il était permis aux hommes de contracter mariage à quatorze ans, et aux femmes à

(1) Art. 161 à 164, C. Nap. — (2) Art. 144. — (3) Inst., pr., *De nupt.*

douze (1). En 1792, on recula d'une année cet âge légal (2).

Cette question présente nécessairement beaucoup de variétés, car elle dépend des habitudes de chaque nation, surtout du développement physique plus ou moins précoce des membres qui la composent (3). Une règle utile à suivre, c'est qu'il faut préférer, pour fixer l'âge légal du mariage, aller au-delà du moment où la nubilité commence, plutôt que de s'arrêter en deçà. On s'expose ainsi beaucoup moins à permettre le mariage à ceux qui ne sont pas suffisamment développés, et on laisse encore assez de temps aux autres pour que la raison se fortifie et les éclaire sur l'accomplissement d'un acte d'une pareille importance.

Quoique la loi française exige dix-huit ou quinze ans, selon le sexe, pour contracter mariage, elle donne cependant au chef de l'État la faculté d'accorder des dispenses d'âge pour des motifs graves (4). Ce tempérament est très-sage ; sans lui, l'honneur d'une personne naturellement capable de se marier aurait pu être compromis. Il paraît cependant que, par suite d'un usage établi, la dispense n'est pas accordée à un homme âgé de moins de dix-sept ans, ou plus jeune que la femme qu'il veut épouser (5). Du reste, la loi a donné sur ce point un pouvoir discrétionnaire à l'Empereur.

La loi détermine donc un âge avant lequel le mariage ne doit pas avoir lieu, et ne dit rien du moment jusqu'où

(1) Poth., *Cont. de mar.*, n° 94. — (2) Loi du 20 sept. 1792, tit. 4, art. 1. — (3) *Traité du dr. inter.*, de M. Fœlix, ann. par M. Demangeat, II, p. 400 à 403, 3e édit. — (4) Art. 145, C. Nap., et l'arrêt du 20 prairial an II — (5) Circul. du ministre de la justice des 10 mai 1824 et 29 avril 1832.

cette union pourrait être contractée. Il faut en conclure qu'après dix-huit ans ou quinze ans, on peut se marier à tout âge (1); que les mariages *in extremis* ne sont plus privés des effets civils, comme dans l'ancien droit (2); qu'un jeune homme de trente ans peut épouser une femme de soixante-dix ans (3).

La Russie paraît être le seul pays où l'on défende le mariage à une personne âgée de quatre-vingt-dix ans révolus (4). Dans d'autres États, par suite de considérations politiques, le mariage est permis à tout âge, ou même ordonné. Ainsi, en Angleterre, les mariages entre les princes sont valables à quelque âge qu'ils aient été contractés (5). Au Portugal, ceux qui sont pourvus d'une fonction ou d'un office judiciaire, et qui sont âgés de moins de quarante ans, doivent se marier dans l'année à compter de leur nomination, sous peine de perdre leur emploi. S'ils deviennent veufs, ils doivent également se remarier dans l'année. Ce délai peut être prorogé d'une année, mais pas au delà (6).

SECTION II. — *Du consentement des futurs époux.*

Le mariage est, avant tout, l'union des esprits et des volontés de l'homme et de la femme (7). Du moment qu'ils ont déclaré, devant l'officier compétent, vouloir s'épouser, le mariage est formé, indépendamment de toute cohabitation. Le Code Napoléon a rejeté la décision du droit canon d'après laquelle un mariage non consommé ne

(1) Poth. *Op. cit.*, n° 97. — (2) Poth., *Op. cit.*, n°s 430 à 432. — (3) Arrêt du 26 avril 1833, de la Cour de Paris. — (4) C. russe, art. 4. — (5) Grande-Bretagne, art. 93-2°. — (6) Portug., art. 59. — (7) Poth., *Op. cit.*, n° 4. —

produisait pas l'alliance (1), ainsi que la distinction faite dans certaines provinces relativement au douaire (2) ; il a conservé, sans restriction, le principe du droit romain : *nuptias non concubitus, sed consensus facit* (3).

L'existence du consentement réciproque des parties est de l'essence du mariage comme de tout autre contrat (4). Lors donc que l'un des futurs époux ou tous les deux ont refusé de s'engager devant l'officier de l'état civil, le mariage est complétement nul. Il en est de même lorsque l'une ou l'autre partie s'est trouvée, par suite de son état mental, dans l'impossibilité de donner son consentement. Cependant, l'homme en démence ou le furieux, peut avoir des intervalles lucides, et, si on établit en fait qu'il a consenti pendant un de ces intervalles, le mariage sera valable. Nous verrons, plus tard, l'influence que peuvent avoir les différentes espèces d'interdictions sur la validité du mariage (sect. VI, § 1).

Il ne suffit pas que le consentement existe ; il faut encore qu'il soit libre et éclairé (5). Lors donc que les parties ou l'une d'elles ont été violentées ou induites en erreur, le mariage n'est pas nul, comme dans le premier cas, mais annulable. La différence importante qu'il y a entre un mariage nul et un mariage annulable, c'est que toute personne peut toujours invoquer la nullité dans le premier cas, tandis que, dans le cas d'un mariage annulable, la nullité ne peut être invoquée que par certaines personnes limitativement déterminées, et pendant un certain temps seulement (*voy.* chap. IV).

(1) N° 152, *eod.* — (2) Poth., *Du douaire*, n° 148 et 149. — (3) Dig., L. 30, *De reg. jur.* — (4) Art. 146, 1101, 1108, C. Nap. — (5) Art. 180 et 181.

Les sourds-muets, les aveugles, sont libres de contracter mariage s'ils se trouvent en état de donner leur consentement, d'une manière ou d'une autre, en parfaite connaissance de cause. Cette faculté résulte du silence du Code et des travaux préparatoires (1). C'est, du reste, la conservation d'une ancienne règle suivie dans le droit romain (2) et dans l'ancien droit français (3).

SECTION III. — *Du consentement d'autres personnes que les futurs époux. Du conseil à demander aux ascendants.*

L'enfant, à tout âge, doit honneur et respect à ses père et mère (art. 371). Ce devoir lui impose l'obligation de demander leur consentement, ou au moins leur conseil, lorsqu'il veut accomplir l'acte le plus important de la vie, le mariage (4). Les parents sont d'ailleurs vivement intéressés à ce que leur enfant ne se marie pas sans leur approbation; car, en se mariant, il introduit un nouveau membre dans la famille, et fait naître ainsi une foule de rapports juridiques nouveaux (5). Cette nécessité, en outre, tempère les dangers que peut présenter quelquefois la règle d'après laquelle l'homme peut se marier à dix-huit ans, et la femme à quinze. La majorité des États-Unis d'Amérique ont méconnu ce principe, en dispensant le mineur d'obtenir le consentement de ses parents (6).

(1) Zachariæ, Aub. et Rau, t. 4, § 451 *bis*, note 1. — (2) Dig., L. 73, pr., *De jure dot.* — (3) Poth., *Contr. de mar.*, n° 93. — (4) Art. 148 à 160. — (5) Art. 203, 205, 207, 402, 404, 745, 913, 914, 1094. — (6) États-Unis, art. 8 et 9.

1° A vingt et un ans, l'homme est capable pour tous les actes de la vie civile (art. 488). Cette règle reçoit certaines exceptions, relatives à l'adoption, à la tutelle (1) et au mariage. Quant au mariage, la fille est bien majeure à vingt et un ans, mais la minorité du fils s'étend jusqu'à vingt-cinq ans s'il a encore des ascendants; s'il n'en a plus, il rentre dans le droit commun (2). Ainsi, le fils, jusqu'à vingt-cinq ans, la fille jusqu'à vingt et un, ne peuvent se marier qu'avec le consentement de leurs père et mère; après cette époque, ils doivent prendre seulement leur conseil.

La différence établie, à cet égard, entre l'homme et la femme, est fondée sur ce fait, presque toujours constant, que la femme se développe plutôt que l'homme, et, par cela même, est moins sujette à se laisser entraîner par la passion. Le législateur a pensé, en outre, qu'il était dangereux d'apporter encore des entraves au mariage d'une femme qui a dépassé vingt et un ans.

Le consentement des parents est nécessaire, sans distinguer s'il est requis pour un premier ou pour un second mariage, par un enfant émancipé ou no émancipé : l'art. 148, en effet, est général, et n'apporte aucune restriction.

Par qui ce consentement doit-il être donné?

Lorsque le père et la mère existent, il faut que tous les deux consentent au mariage; mais, en cas de dissentiment, le consentement du père suffit (art. 148). Il faudra donc, si le père approuve le mariage, établir que la mére a été au moins consultée, ce qui peut résulter d'un acte res-

(1) Art. 346 et 472. — (2) Art. 148 à 150 et 160.

pectueux qu'on lui adresserait (1); mais la mère, non consultée, ne peut pas former opposition, car ce droit n'appartient qu'à certaines personnes, dans des cas limitativement déterminés, et elle n'a ce droit qu'*à défaut* du père (art. 173). Une pareille opposition, qui serait immédiatement levée, n'aurait d'autre résultat que d'accroître la mésintelligence qui existe entre les deux époux. Il suffit à la mère non consultée d'en avertir officieusement l'officier de l'état civil, qui ne doit pas alors passer outre à la célébration du mariage, sous peine de tomber sous l'application des art. 156 Cod. Nap., et 193 Cod. pén. (2).

Lorsque l'un des époux est mort, ou dans l'impossibilité de manifester sa volonté, le consentement de l'autre suffit (art. 149). Si donc le père n'existe plus, la mère seule a le droit de consentir au mariage de son enfant, sans distinguer si elle s'est ou non remariée et si elle est restée ou non tutrice; car la puissance paternelle lui est attribuée dans tous les cas, et les termes des art. 149, 173 et 174, sont absolus (3).

La loi ne détermine pas quels caractères doit avoir l'impossibilité de consentir dans laquelle se trouverait l'un des conjoints. Aussi on admet que, dans les cas douteux, les tribunaux ont un pouvoir discrétionnaire pour décider si l'impossibilité est ou non réelle (4).

Il y a des cas où aucun doute ne peut être soulevé: par exemple, lorsque l'un des parents est interdit légalement ou judiciairement (5), lorsqu'il est enfermé dans un éta-

(1) M. Valette *Sur Proudhon*, 1, 396, note 6. — (2) MM. Duranton, 2, 77, not. 3; Valette, *Sur Proudhon*, 1, 396, not. 6; Demolombe, 3, n°s 38 et 39. — (3) M. Demolombe, 3, n° 45; Marcadé, 1, n° 528. — (4) Poth., *Op. cit.*, n° 330; M. Demolombe, 3, n° 42. — (5) Art. 28, 489 C. Nap.; 29, C. pén.

blissement d'aliénés sans être interdit (1), ou bien lorsque son absence a été déclarée. Il faut en dire autant si le père n'est que présumé absent ; car c'est à la mère que la loi défère alors l'exercice de la puissance paternelle (art. 141), le père se trouvant réellement dans l'impossibilité de donner son consentement.

Si l'un des conjoints, qui est en état de fureur, de démence ou d'imbécillité, n'est ni interdit ni enfermé dans une maison d'aliénés, il faut attendre un intervalle lucide pour obtenir son adhésion, ou, s'il n'a pas de ces intervalles, s'adresser à la justice et prouver ce fait (2).

On prouvera l'interdiction du conjoint par le jugement d'interdiction, et sa présence dans une maison d'aliénés par le certificat qui se donne en pareil cas. L'absence sera également prouvée par le jugement déclaratif ou par celui qni a ordonné l'enquête, et la présomption d'absence par un acte de notoriété, signé du juge de paix et de quatre témoins (art. 155). M. Demolombe pense que cet acte de notoriété est le seul moyen pour prouver la mort de l'un des époux, lorsqu'il n'existe point d'acte de décès (3).

Si le père ou la mère sont morts ou dans l'impossibilité de manifester leur volonté, les aïeuls et aïeules les remplacent ; s'il y a dissentiment entre l'aïeul et l'aïeule de la même ligne, le consentement de l'aïeul suffit.

Le dissentiment entre les deux lignes vaut consentement (art. 150).

Quoique la loi ne parle que d'aïeul et aïeule, tous les

(1) Loi du 30 juin 1838 ; Zach., Aubry et Rau, 4, § 426, not. 28. — (2) Marcadé, 1, n° 527 ; M. Dem., n° 43. — (3) *Traité du mariage*, n° 40.

auteurs sont d'accord pour étendre cette disposition à tous les acendants. Cela résulte du mot *aïeuls*, qui est générique, et de l'art. 174, qui n'appelle les collatéraux à faire opposition *qu'à défaut de tout ascendant.*

Le droit de consentir au mariage des petits-fils ou arrière-petits-fils ne passe donc aux ascendants qu'à défaut de père et de mère. Mais ici la loi ne donne aucune prépondérance au sexe ou à la ligne paternelle ou maternelle, comme elle le fait en matière de tutelle (art. 402 à 404); ce n'est que dans le cas où l'aïeul et l'aïeule font partie de la même ligne que la volonté de l'aïeul l'emporte.

La loi appelle, en outre, indistinctement, les représentants des deux lignes, l'aïeul le plus proche comme le plus éloigné. Il est vrai que la loi défère la tutelle aux aïeuls d'abord, aux bisaïeuls ensuite, en suivant l'ordre de proximité des degrés (art. 402 et suiv.). Mais nous ne pouvons pas appliquer cette règle lorsqu'il s'agit du mariage, car les deux lignes ont alors les mêmes intérêts légitimes à sauvegarder. D'ailleurs, l'art. 150 ne fait pas une pareille distinction : il parle des aïeuls et des aïeules, quel que soit le degré qu'ils occupent (1).

Les mêmes principes doivent être appliqués lorsque, dans la même ligne, il existe des ascendants paternels et maternels, par exemple le père du père de mon père et le père de la mère de mon père (2).

Les ascendants prouveront l'impossibilité dans laquelle se trouvent les père et mère pour consentir de la même manière que le ferait l'un des conjoints ; mais pour prouver la mort des père et mère, en l'absence d'un acte de

(1) Marcadé, 1, n° 532. — (2) Marcadé, 1, n° 533.

décès, les ascendants n'ont pas besoin d'un acte de notoriété : leur simple attestation suffit (1).

Le consentement des ascendants doit être relaté dans l'acte même qui constate la célébration du mariage, s'ils assistent à cette célébration (2). Dans le cas contraire, il faut que ce consentement soit donné par un acte authentique (art. 73) : tout autre moyen de preuve n'est pas admis. Mais l'ascendant qui a donné par avance son consentement peut le retirer tant que le mariage n'a pas eu lieu. Ce pouvoir passe à l'autre ascendant lorsque celui qui a consenti par acte authentique est mort ou dans l'impossibilité de manifester sa volonté au moment de la célébration du mariage. Aussi, est-il nécessaire, dans un cas pareil, que l'enfant obtienne le consentement de l'ascendant sous l'autorité duquel il se trouve actuellement placé. Si l'enfant, muni simplement de son ancien acte authentique, parvient à se marier, son mariage sera nul : le silence de la personne qui avait alors le droit de consentir ne peut être considéré comme une approbation du consentement obtenu du premier ascendant, car la loi veut que le consentement soit exprès, et non tacite (art. 73). Il faut cependant remarquer que les tribunaux, qui accueillent avec défaveur les actions en nullité de mariage, annuleront très-difficilement l'union dont nous parlons (3).

Si les père, mère, aïeuls et aïeules, sont tous morts ou dans l'impossibilité de manifester leur volonté, ils sont remplacés par le conseil de famille : le fils ou la fille

(1) Avis du Conseil d'État du 4 messidor an XIII; M. Demolombe, n° 40. — (2) Art. 76 4° et 156, C. Nap. — (3) M. Demolombe, 3, n°s 55 à 58.

mineurs de vingt et un ans doivent obtenir son consentement pour se marier (art. 150). L'avis du conseil de famille ne pourra pas, comme dans les autres matières, être réformé par les tribunaux (art. 883 C. proc.) : ces derniers n'ont pas reçu mission de consentir au mariage; s'ils pouvaient annuler la délibération du conseil, il faudrait s'adresser de nouveau au même conseil pour avoir son refus ou son consentement (1).

— Aucune autorité publique n'a reçu de la loi française le droit d'intervenir entre le mineur et ses parents, et de suppléer au consentement que ces derniers doivent lui donner pour se marier. D'autres législations ont jugé, au contraire, cette intervention nécessaire, et ont accordé, en général, aux tribunaux, le pouvoir de consentir au mariage du mineur si le refus des parents n'est pas fondé (2). Certains Codes, et notamment le Code autrichien, vont même jusqu'à limiter les causes légitimes de refus, et ils admettent quatre cas : 1° le manque de moyens de subsistance ; 2° une conduite irrégulière ; 3° une maladie contagieuse ; 4° l'impuissance (C. autrich., art. 52 et 53). Cette intervention de la justice et ces restrictions mises à l'autorité domestique sont de nature à porter une grave atteinte à l'esprit de soumission et de respect qui doit présider aux relations des enfants avec leurs parents. Limiter, en outre, les causes sur lesquelles les parents doivent fonder leurs refus de consentir, c'est s'exposer à permettre aux

(1) M. Dem., 3, n° 86 ; Marcadé, 1, n° 546. — (2) Dr. com. allemand, article 91 ; Brunswick, art. 14 ; Saxe, art. 18 ; Danemark, art. 51 ; Portugal, art 145 ; Suède, tit. 1 ch. 6, art. 4 ; Serbie, art. 69-*c*. ; Cantons de Bâle, articles 6 et 8 ; de St-Gall, art. 10 ; du Tessin, art. 51 ; de Zurich, art. 85 ; Amérique du Sud, art. 13.

mineurs de contracter des mariages très-malheureux, compromettant leur avenir et la dignité des familles. Nous pourrions comprendre l'utilité de ces règles si l'enfant, devenu majeur, voulait se marier malgré sa famille (1); mais tant qu'il est mineur, la dépendance où il se trouve vis-à-vis de ses parents est incompatible avec l'action en justice qu'on lui accorde contre eux.

2° Le fils, après vingt-cinq ans, la fille, après vingt et un ans, ne deviennent pas entièrement indépendants quant au mariage, car ils doivent demander, non pas le consentement, mais le conseil de leurs ascendants (art. 151). Il y là, comme dit M. Demolombe, « une espèce de transaction, qui maintient tout à la fois dans une salutaire mesure l'autorité paternelle et la capacité absolue désormais acquise à l'enfant (2). »

Cette demande doit être adressée aux mêmes personnes et dans le même ordre hiérarchique que celle qui est nécessaire pour obtenir le consentement. S'il y a dissentiment entre le père et la mère ou entre les deux lignes, l'assentiment donné par le père ou par l'une des deux lignes suffit (3), et il n'est pas nécessaire alors de requérir le conseil des parents ou des ascendants opposants (4).

Le conseil est requis par un acte respectueux et formel, dressé par un notaire devant deux témoins ou par deux notaires (5). Le notaire, sans que l'enfant soit présent, notifie cet acte à l'ascendant et dresse procès-verbal de la réponse qui a pu lui être faite (art. 154). Depuis

(1) Le Code de Valachie décide que le majeur peut s'adresser aux tribunaux, lorsque les parents, après trois *prières* qui leur ont été faites, refusent de consentir (Code Carajia, partie 3, ch. 16, art. 4). — (2) N° 59. — (3) Art. 148 à 151. — (4) M. Dem., n° 62. — (5) Loi du 25 ventôse, an XI, art. 68.

vingt-cinq jusqu'à trente ans pour les fils, et depuis vingt et un jusqu'à vingt-cinq ans pour les filles, trois actes respectueux, de mois en mois, sont nécessaire si les ascendants persistent dans leur refus. Après trente ou vingt-cinq ans, un seul acte respectueux suffit. Un mois après cette formalité remplie, on peut passer outre à la célébration du mariage (art. 152 et 153).

En cas d'absence *du dernier ascendant* (1) dont on aurait dû prendre le conseil, on passera outre à la célébration du mariage. On prouvera l'absence par le jugement qui l'a déclarée ou par celui qui a ordonné l'enquête, ou par un acte de notoriété (art. 155). Il n'est pas besoin que ce dernier acte soit homologué, comme celui dont parlent les art. 70 à 72. Si le dernier domicile des ascendants est inconnu, et qu'on ne puisse pas ainsi rédiger l'acte de notoriété, les majeurs pourront se marier, pourvu qu'ils déclarent sous serment, ainsi que les quatre témoins du mariage, l'ignorance où ils sont du dernier domicile de l'ascendant (2).

Quoique la loi ne prononce pas la nullité des actes respectueux faits contrairement aux art. 151, 152, 154, et à l'art. 68 de la loi de ventôse an XI, cependant la doctrine et la jurisprudence sont d'accord pour reconnaître la nullité qui en résulte virtuellement (3).

3° Tout ce que nous avons dit relativement au consentement et au conseil à demander aux parents se réfère aux enfants légitimes. Les mêmes régles s'appliquent en gé-

(1) MM. Duranton, 2, n° 112; Valette, *Sur Proudhon*, 1, p. 379 note *a*.— (2) Circulaire du ministre de la justice, du 11 messidor an XII. — (3) Merlin, *Quest.*, v° Actes respect., § 3, Zach., Aubry et Rau, § 463, note 36.

néral aux enfants naturels *reconnus* (art. 158). Seulement, comme la reconnaissance ne rattache l'enfant naturel qu'à ses père et mère (art. 756), le conseil de famille vient immédiatement après eux pour nommer un tuteur *ad hoc*, qui consentira au mariage (art. 159).

Lorsque l'enfant naturel n'a pas été reconnu, il est réputé n'avoir ni père ni mère. Le conseil de famille, composé d'amis, nommera un tuteur *ad hoc*, pour consentir au mariage de l'enfant naturel (art. 159). Nous reconnaissons avec M. Valette qu'il eût été plus simple de donner cette attribution au conseil lui-même, comme le fait l'article 160 (1).

— L'enfant adoptif reste dans sa famille naturelle, malgré les liens qui le rattachent à l'adoptant (2). C'est donc à ses père et mère naturels que l'adopté doit demander le conseil ou le consentement pour se marier, et non à l'adoptant (3 .

4° L'inobservation des règles relatives au consentement des ascendants ou du conseil de famille peut entraîner la nullité de mariage (art. 182 et 183). Aussi la loi punit-elle de l'amende et de l'emprisonnement l'officier de l'état civil qui l'a célébré sans s'être assuré de l'existence de ce consentement ou sans l'avoir mentionné dans l'acte du mariage (4).

L'absence des actes respectueux n'entraîne pas la nullité du mariage ; aussi l'officier civil ne sera pas puni de l'amende et de l'emprisonnement s'il justifie que l'acte

(1) M. Val., *Sur Proudh.*, 1, 399, note *a*, 1 M. Valette abandonne cet avis dans son *Com. som.* du liv. 1 du C. Nap., page 88. — (2) Art. 347 à 352 — (3) M. Demolombe, n° 61. — (4) Cbn. les art. 156, C. Nap. et 193, C. pén.; MM. Valette *Sur Proudh.*, 1, 215, note 6 et Demolombe, n° 91.

respectueux a existé en fait, quoiqu'il ait négligé d'en faire mention dans l'acte de célébration. L'amende est la même que dans le cas précédent, mais l'emprisonnement peut avoir une moindre durée (art. 157).

5° Il y a des individus qui, à raison de leur situation spéciale, doivent obtenir pour se marier le consentement de personnes sous la puissance desquelles ils ne se trouvent pas. Ainsi, les membres de la famille impériale ne peuvent contracter mariage sans le consentement formel de l'Empereur ; sinon, ils feraient un acte complétement nul. « Ces mariages intéressent la nation tout entière et influent plus ou moins sur ses destinées. » Il faut donc qu'ils soient régis par des règles particulières fondées sur la raison d'État (1).

Les militaires également, et tous ceux qui sont assimilés aux militaires, doivent obtenir le consentement par écrit de leurs supérieurs, pour pouvoir se marier. L'intérêt public exige que les militaires ne soient pas réduits à la misère et « qu'ils ne puissent pas contracter des mariages inconvenants, susceptibles d'altérer la considération due à leur caractère (2). » Mais il n'y a là qu'un empêchement simplement prohibitif ; seulement, les officiers de l'état civil qui célébreraient un pareil mariage encourent la destitution, ainsi que le militaire, qui perdra en même temps toute pension ou récompense militaire (3).

En Allemagne, on oblige généralement les fonction-

(1) Décret du 30 mars 1806 ; S. C. du 28 floréal an XII ; décret du 11 ventôse an XIII ; statut du 21 juin 1853. — (2) Avis du conseil d'État du 21 décembre 1808. — (3) Décret des 16 juin, 3 août et 28 août 1808 ; ordonn. du 10 mai 1844.

naires publics qui désirent se marier à obtenir une autorisation de leurs chefs (1). Il en est de même en Prusse (2). Dans le grand-duché de Bade toute personne jusqu'à l'âge de 25 ou 18 ans, doit, pour contracter mariage, être munie d'une permission de la police (3), c'est-à-dire qu'on considère les citoyens, soit comme des mineurs, soit comme des suspects.

En Portugal, les juges temporaires ne peuvent, sans autorisation de leurs chefs, épouser une femme domiciliée dans leur juridiction, sous peine de suspension de leurs fonctions *ipso facto* (art. 148). Les nobles qui possèdent des biens de la couronne ne peuvent non plus se marier sans la permission du roi, sous peine de perdre leurs biens et leurs titres de noblesse (art. 147). Des considérations politiques justifient probablement ces mesures, dont la première rappelle le droit romain, et qui sont contraires à la liberté individuelle et à la faveur due aux mariages.

En Russie et dans plusieurs pays allemands, les colons et leurs enfants sont obligés, pour contracter mariage, d'obtenir le consentement des seigneurs. En cas de refus, ils peuvent s'adresser aux tribunaux, excepté cependant en Russie, où ils n'ont pas cette ressource (4).

SECTION IV. — *De l'existence d'un premier mariage.*

La polygamie a été justement répudiée par tous les états

(1) Dr. comm. allem., art. 87; Bavière, art. 4; Wurtemberg, art. 24. — (2) C. Pruss., art. 146 à 150.—(3) Bade, art, 144. — (4) Russie, art. 12; Hanovre, art. 11.

chrétiens, comme contraire à la morale et destructive de la famille (1). Les conséquences qu'elle entraîne sont déplorables : on n'a qu'à examiner les pays où elle existe pour se convaincre de l'abîme où elle peut conduire.

La monogamie est donc le seul mariage légitime reconnu en France et dans tous les états chrétiens. La personne engagée dans une première union ne peut en contracter une autre avant que la première soit dissoute, sous peine des travaux forcés à temps (2); en outre, le second mariage est frappé d'une nullité radicale. Le seul moyen d'échapper à la peine encourue par les bigames et de maintenir la validité du second mariage, c'est d'établir que le premier était nul (3).

SECTION V. — *De la parenté et de l'alliance.*

Dans tous les temps et dans tous les lieux, le mariage entre certains parents a été prohibé. Les variations des différentes législations ne portent que sur les limites jusqu'auxquelles doivent s'étendre les prohibitions. Si nous trouvons des peuples qui les ont complètement méconnues à une certaine époque, c'est la religion païenne qu'il faut en accuser (4).

Ce sentiment inné et universel contre de pareilles unions est fondé sur les considérations les plus puissantes. Dans chaque famille, il doit y avoir une pureté

(1) Montesquieu, *Esp. des lois*, 16, c. 6; Poth., *Contr. de mar.*, nos 99, 101, 102; Kant, *Doctrine du droit*, trad. par M. Barni, pag. 114 et 115; Bentham, *Traité de lég.*, par Et. Dumont, 1, c. 5, sect. 6. — (2) Art. 147, C. Nap., et 340, C. pén. — (3) Art. 189, C. Nap.; Poth., *Op. cit.*, n.o 107. (4) Montesquieu, *Op. cit.*, 26, c. 14.

de mœurs, un esprit d'ordre, de subordination et de respect, sans lesquels elle ne saurait exister. Mais tout cela disparaîtrait si les parents pouvaient trouver dans l'espoir d'un mariage à venir l'excuse des passions les plus désordonnées : « Les familles, dit éloquemment Bentham, ces retraites où l'on doit trouver le repos dans le sein de l'ordre..... seraient en proie à toutes les inquiétudes des rivalités, à toutes les fureurs de l'amour. Les soupçons banniraient la confiance; les sentiments les plus doux s'éteindraient dans les cœurs; des haines éternelles ou des vengeances dont la seule idée fait frémire, en prendraient la place. L'opinion de la chasteté des jeunes filles, cet attrait si puissant du mariage, ne saurait plus sur quoi se reposer, et les piéges les plus dangereux pour l'éducation de la jeunesse se trouveraient dans l'asile même où elle peut le moins les éviter (1). »

Les mêmes dangers existeraient quelquefois si l'on permettait le mariage entre certains alliés. Mais ici la prohibition repose surtout sur des considérations purement civiles, tirées des convenances et des mœurs générales de la nation. Aussi les prohibitions entre alliés admettent quelquefois des dispenses et n'ont pas la même étendue qu'entre parents.

La parenté, comme en droit romain, est le lien existant entre deux personnes qui descendent l'une de l'autre ou d'un auteur commun. Elle est directe dans le premier cas, collatérale dans le second. La parenté est légitime ou naturelle : la parenté légitime dérive du mariage ou de l'adoption; la parenté naturelle d'une union illicite.

(1) Bentham, *Op. cit.*, ch. 5, sect. 1. Aj. Montesquieu, *Loc. cit.*

Il y a autant de degrés entre les parents que de générations. La ligne est la série des parents descendant l'un de l'autre ou d'un auteur commun.

L'alliance est le lien qui existe entre l'un des époux et les parents de l'autre. Les deux époux, formant pour ainsi dire une seule personne, les parents de l'un deviennent comme les parents de l'autre dans la même ligne et au même degré, quoiqu'il n'y ait pas de génération entre eux; mais aucune alliance n'existe entre les parents des deux époux, entre chaque époux et les alliés de l'autre.

1° En ligne directe, le mariage est défendu à l'infini entre les ascendants et les descendants légitimes ou naturels (art. 161). Ainsi, même la parenté naturelle, simple, adultérine ou incestueuse, empêche le mariage, sans qu'on recherche si elle est ou non légalement établie. Il est vrai qu'en général, pour que la loi tienne compte de la parenté naturelle, il faut qu'elle soit établie conformément à ses prescriptions; mais, en matière de mariage, elle n'exige aucun mode spécial pour en prouver l'existence, L'art. 161, en effet, parle de parents naturels, sans ajouter *légalement reconnus*, quoique le tribunal de Lyon ait demandé que ces mots fussent ajoutés lors de la discussion de cet article. Ce silence de l'art. 161 est plus significatif encore lorsqu'on le rapproche des art. 331, 383 et 756 (1).

En ligne collatérale, le mariage est prohibé entre le frère et la sœur légitimes ou naturels (art. 162). Il faut

(1) M. Demolombe, n° 107 ; Marcadé, 1, n° 548.

répéter pour les frères et sœurs naturels l'observation que nous venons de faire pour la ligne directe.

Le mariage est encore défendu entre l'oncle et la nièce, la tante et le neveu (art. 163). La loi ne parle plus ici de lien naturel, comme elle le fait pour les deux premiers cas. Le mariage n'est donc prohibé qu'entre l'oncle et la nièce, la tante et le neveu légitimes; mais par les mots *oncle* et *tante*, il faut entendre également le grand-oncle, la grand'tante, car ces termes sont génériques; d'ailleurs le grand-oncle, la grand'tante, remplacent les parents vis-à-vis des petits-neveux et petites-nièces, *loco parentum habentur* (1).

2° L'alliance empêche le mariage en ligne directe à l'infini, en ligne collatérale entre les beaux-frères et belles-sœurs seulement; les alliés à titre d'oncle et de nièce, de tante et de neveu, peuvent donc contracter mariage (2). Mais l'alliance purement naturelle suffit-elle pour empêcher le mariage ? L'affirmative serait conforme aux bonnes mœurs, au droit canonique et à l'ancien droit. Cependant nous pensons que les rédacteurs du Code Napoléon ont changé cette doctrine. L'alliance ne résulte en effet que d'un mariage légitime (3), et il n'y a plus aujourd'hui d'affinité imparfaite comme anciennement. S'il s'agit pourtant d'un mariage putatif, comme la loi lui conserve tous les effets civils d'un mariage valable, et que ses effets ne peuvent pas se diviser, nous admettons que les empêchements résultant de l'alliance continuent d'exister après comme avant l'annulation (4).

(1) Pothier, *Op. cit.*, n° 148, et note 1 de M. Bugnet; Demante, 1, n° 220, note 1; M. Demolombe, n° 105.— (2) Cbn, les art. 161, 162 et 163. — (3) Art 975, C. Nap.; art. 268 à 283, C. de proc. — (4) MM. Valette, *Sur Proudh.*, 1, pag. 402 et 403; Demolombe, n° 112.

Mais la dissolution du mariage n'entraine pas la dissolution de l'alliance, et par conséquent les empêchements subsistent. En effet, il est évident que, si l'un des époux ne peut pas épouser les parents de l'autre durant le mariage, ce n'est pas précisément à cause de l'alliance, mais surtout parce qu'il y aurait bigamie (art. 147). L'alliance subsiste après la dissolution du mariage, alors même qu'il n'en reste point d'enfants et que le conjoint survivant convole en secondes noces : les art. 206 du Code Napoléon, et 283 et 378 du Code de procédure, privant dans ces cas l'alliance de certains effets, prouvent par cela même que les autres effets continuent d'exister (1).

L'alliance n'existe qu'entre les personnes qui ont été au moins conçues avant la dissolution du mariage. On pourra, par conséquent, épouser la fille que le beau-père et la belle-mère auront après la mort de l'épouse, ainsi que la fille qu'aura la femme après avoir divorcé. Le mariage, qui seul engendre l'alliance, étant dissous, sur quoi se fonderait-on pour prohiber ces unions? Sur l'alliance? Mais *affinis affinem non generat* (2).

3° La loi donne à l'Empereur la faculté d'accorder des dispenses, pour des motifs graves, aux beaux-frères et belles-sœurs, aux oncles et nièces, tantes et neveux, qui veulent contracter mariage (art. 164). On a critiqué ce système de la loi française, qui prohibe d'un côté ces unions et donne ensuite au chef de l'État le pouvoir de les laisser s'accomplir. Nous pensons, avec M. Demolombe, « qu'il y a des circonstances où ces mariages sont

(1) M. Demolombe, 3, n° 110, 111, 117. — (2) M. Demolombe, 3, n° 114.

convenables et dignes d'être approuvés ; mais que l'empêchement n'en doit pas moins être et demeurer la règle, pour maintenir la moralité, la pureté dans les relations de la famille. C'est à la sagesse du gouvernement qu'il appartient de donner tort à l'objection qui prétend que la possibilité d'obtenir des dispenses devient un encouragement au désordre. » (N° 118) (1).

4° La parenté civile née de l'adoption produit également certains empêchements : entre l'adoptant, l'adopté, son conjoint ou ses descendants ; entre l'adopté et le conjoint ou les descendants, même adoptifs, de l'adoptant (art. 348). L'enfant adoptif peut donc épouser les ascendants de l'adoptant, et celui-ci les enfants adoptifs du premier. L'adopté peut aussi épouser les enfants naturels de l'adoptant (cbn. les art. 348, 161 et 162). Les conjoints, les enfants de l'adopté et de l'adoptant sont également libres de s'unir par le mariage. — La loi aurait mieux fait peut-être d'étendre plus loin les prohibitions nées de l'adoption, en laissant, dans certains cas, aux parties, la ressource des dispenses.

Les empêchements résultant de l'adoption ne sont que prohibitifs. L'art. 184 ne prononce la nullité du mariage que s'il y a violation des prohibitions établies par les art. 161, 162 et 163. Il ne rappelle donc pas notre art. 348, et en cette matière il n'existe pas de nullité virtuelle (2).

5° Tel est le système du droit français en matière de

(1) Quant aux conditions et formalités nécessaires à remplir pour obtenir ces dispenses, il faut consulter l'arrêté du 20 prairial an XI, la circulaire du 29 avril 1832 et la loi du 28 avril 1816, art. 55. — (2) Marcadé, 2, n° 105 ; Zach., Aubry et Rau, 4, § 463, note 3.

prohibitions pour cause de parenté ou d'alliance. Il nous paraît en général très-rationnel. La question la plus délicate, c'était de trouver jusqu'à quelle limite précise devaient s'étendre et s'arrêter ces prohibitions. Il fallait d'un côté protéger les familles contre les désordres que pouvait entraîner le mariage entre trop proches parents ou alliés; mais d'un autre côté il ne fallait pas, en multipliant trop ces prohibitions, risquer d'empêcher les familles de se former. Le seul moyen pour obtenir ce résultat, c'était de bien peser les inconvénients et les avantages qu'il y avait à défendre telle ou telle union entre parents ou alliés, et de la permettre toutes les fois qu'il y a doute ou égalité de raisons pour et contre. C'est ce que nous semble avoir fait le législateur français, en rejetant les prohibitions presque illimitées du droit canon, ainsi que les empêchements résultant de la parenté spirituelle (1).

SECTION VI.

Jusqu'à présent nous avons examiné les conditions générales qui sont nécessaires pour contracter mariage et qui se trouvent dans le chap. 1 (liv. I, tit. 5) du Code Napoléon; mais, en dehors de ce chapitre, nous allons trouver des cas où le mariage est défendu pour d'autres causes que celles dont nous nous sommes occupés.

§ 1. *De ceux qui sont privés de l'exercice de tous ou de quelques-uns de leurs droits.* — Nous n'avons pas à parler des empêchements auxquels donnait naissance autre-

(1) Poth., *Op. cit.*, n°s 132 et suiv., 173 à 211; Walter, *Manuel de droit eccles.*, trad. par M de Roquemont, 1840, pag. 407 à 411.

fois la mort civile : cette peine a été heureusement abolie par la loi du 31 mai 1854, et les questions qu'elle soulevait relativement au mariage ne présentent plus aujourd'hui aucun intérêt.

L'interdit judiciairement (art. 489) est-il capable de contracter mariage? La majorité des auteurs enseigne que son incapacité résulte de l'ensemble des dispositions qui lui sont applicables. L'art. 502 déclare, en effet, nuls de droit *tous les actes* passés par l'interdit depuis le jugement d'interdiction; il est donc présumé ne pas pouvoir consentir, et il n'y a pas de mariage sans consentement (art. 146). Le législateur a repoussé à deux reprises différentes la proposition qui lui était faite de déclarer l'incapacité de l'interdit à contracter mariage; il l'a repoussée comme inutile et comme résultant nécessairement de l'art. 146 (1). L'ancien droit français (2), à l'exemple du droit romain (3), admettait l'existence des intervalles lucides pendant lesquels l'interdit recouvrait la capacité de consentir. Le Code Napoléon nous présente, au contraire, comme permanente, l'incapacité de l'interdit (art. 489, 502, 1125); par conséquent, il ne pourra pas se marier tant que durera son interdiction, et on n'est pas admis à prouver qu'en fait il a agi pendant un intervalle lucide. Du reste, si le législateur avait voulu accorder à l'interdit cette faculté, il aurait sans doute déterminé les personnes qui doivent consentir au mariage ou qui peuvent en demander la nullité (4).

Nous hésitons cependant à admettre cette opinion ri-

(1) Fenet, C. civ., 9, pag. 12 et 118 ; Aj. Locré, *Lég.*, 7, pag. 354. — (2) Poth., *Contr. de mar.*, n° 92 ; *Des oblig*, n°s 51 et 52. — (3) C. L. 6, *De cur. fur.* — (4) Dalloz, tom. 31, v° *Mariage*, n° 207.

goureuse. Notre titre du *Mariage* est un titre spécial, qui, en général, se suffit à lui-même, et nulle part la loi n'a défendu à l'interdit de contracter mariage. Les articles 502 et suivants, qui forment la base de l'opinion précédente, ne nous paraissent pas applicables à notre matière. Ces articles ont principalement pour but d'enlever à l'interdit la gestion de sa fortune, l'exercice de ses droits; or, empêcher l'interdit de se marier se serait lui ôter avec l'exercice la jouissance même de ses droits. La lettre de l'art. 502 favorise également cette interprétation, parce qu'on ne peut pas dire d'une personne qui se marie qu'elle *passe un acte*. La présomption d'incapacité, résultant des art. 489 et 502, n'a pas la généralité qu'on lui attribue, car la majorité des auteurs admet que l'interdit peut tester ou reconnaître un enfant naturel; pourquoi ne lui permettrait-on pas aussi de se marier? L'argument tiré des travaux préparatoires n'est pas concluant, car on ne peut pas créer ainsi des empêchements qui ne sont pas écrits dans la loi.

L'interdit peut donc se marier, et son mariage est parfaitement valable s'il s'est marié pendant un intervalle lucide; dans le cas contraire il est tout à fait nul, car le consentement n'est pas simplement vicié, mais n'existe même pas lorsque l'interdit s'est marié pendant qu'il était en état de démence ou de fureur.

Les conventions matrimoniales de l'interdit pourront être faites conformément aux règles prescrites par la loi lorsqu'il s'agit du mariage des enfants de l'interdit lui-même (art. 511) (1).

(1) M. Demolombe, III, nos 127 à 129.

Mais que décider quant à ceux qui sont condamnés à une peine afflictive prononcée par l'art. 29 du Code pénal? Ces individus sont en état d'interdiction légale ; mais nous ne croyons pas que cette interdiction altère la capacité juridique du condamné pour contracter mariage (1). Lorsque la condamnation n'est pas contradictoire, mais par coutumace, notre question ne se présente même plus, car l'interdiction légale ne frappe que ceux qui, en fait, subissent leur peine (2).

Si des doutes peuvent s'élever pour les interdits quant à leur capacité de contracter mariage, il n'en existe aucun pour l'individu pourvu d'un conseil judiciaire. Les art. 499 et 513, qui s'en occupent, lui enlèvent l'exercice de certains droits parfaitement déterminés, et le mariage n'est pas compris dans le nombre (3).

§ II. *Du divorce, des dix mois de viduité.* — Lorsque le divorce existait en France, les époux divorcés étaient incapables de se remarier ensemble (art. 295); et si le divorce avait eu lieu pour cause d'adultère, l'époux coupable ne pouvait jamais épouser son complice (art. 298). La loi du 8 mai 1816, qui a aboli le divorce pour l'avenir, a laissé produire aux divorces antérieurement prononcés tous les effets qui y étaient attachés avant cette loi. Cela résulte implicitement de l'article 2, qui ne restreint aux effets de la séparation de

(1) M. Demolombe, III, n° 130 — (2) Cbn. les art. 29 à 31, C. pén., et l'exposé des motifs de la loi du 31 mai 1854 ; Zach., Aubry et Rau, 1, § 85, notes 1 et 12. — (3) Voy. l'exposé des motifs du conseiller d'État Emmery, séance du 28 ventôse an XI.

corps que les jugements et arrêts restés sans exécution par le défaut de prononciation de divorce par l'officier civil (1). Les divorces définitivement consommés conservent donc tous leurs anciens effets. On a prévu cette conséquence en 1816, et un projet de loi présenté vers la fin de cette année proposait d'empêcher au moins les époux divorcés de se remarier, l'un avant le décès de l'autre. Mais cette restriction a été rejetée (2).

On a voulu cependant étendre la disposition de l'article 298 à la séparation de corps. L'époux contre lequel la séparation de corps a été prononcée pour cause d'adultère ne pourrait donc pas, après la mort de son conjoint, se marier avec son complice. Nous ne pouvons admettre cette extension de l'art. 298, et créer ainsi, par voie d'analogie, une incapacité qui n'est pas écrite dans la loi. L'analogie même n'existe pas; car, en cas de divorce, l'époux adultère aurait pu immédiatement tirer parti de son propre délit et épouser son complice, tandis que la séparation de corps ne dissout pas le mariage, et qu'il faut attendre la mort du conjoint pour contracter une autre union (3).

—La femme dont le mariage a été dissous ne peut convoler en secondes noces que dix mois après la mort de son mari (art. 228). La loi a voulu éviter, de cette manière, la confusion de part, et contraindre la femme à se conformer aux convenances. Ce dernier motif explique

(1) Locré, 5, 424.— (2) Vazeille, 1, 103, *fine ;* Merlin, *Répert.* v° Empêch., § 4, art. 9; Zach., Aubry et Rau, 4, § 461, note 2, et § 463, note 8.—(3) M. Duranton 2, n° 179; Dalloz, *Jus gent.*, v° Mariage, p. 49, n° 3 ; M. Demolombe, 3, n° 126.

pourquoi elle doit attendre dix mois, alors même que la *turbatio sanguinis* ne serait plus à craindre.

Cette défense s'applique également à la femme divorcée pour cause déterminée (art. 296), et s'applique aujourd'hui, par identité de motifs, à tous les cas où le mariage a cessé d'exister, pour quelque cause que ce soit (1). Remarquons cependant qu'il n'y a là qu'un empêchement prohibitif ; mais l'officier de l'état civil peut encourir une amende de 16 à 300 francs (art. 194 C. pén). (2).

Le législateur français ne fait cette défense qu'à la femme ; l'homme peut donc se remarier immédiatement après que son premier mariage a été dissous ou annulé. Cette distinction nous paraît aussi peu logique que peu juste. En effet, quel est le véritable motif de cet empêchement ? Ce n'est pas la crainte de la *turbatio sanguinis*, car il faudrait alors permettre à la femme de se remarier aussitôt que sa grossesse deviendrait certaine, ou bien, comme cela a lieu en Prusse (art. 19 à 24), dans les Deux-Siciles (art. 156) et aux îles Ioniennes (art. 146), aussitôt qu'elle accoucherait. Le véritable motif se tire donc des convenances, du froissement que ressentirait l'opinion publique en voyant la précipitation de la femme à convoler en secondes noces. Or, les convenances, les bonnes mœurs, exigent la même retenue de la part de l'homme, et cela est si vrai qu'en fait on ne se remarie guère avant l'expiration d'un délai plus ou moins long. La femme, d'ailleurs, se trouve le plus souvent dans l'impossibilité de pourvoir seule à son entretien et à celui

(1) MM. Demolombe, 3, n° 124 ; Duranton, 2, n° 175, note 1. — (2) M. Valette, *Sur Proudh.*, 1, p. 404, *Obs.*

de sa famille ; elle a besoin d'un mari pour être son aide et son protecteur. Pourquoi donc priver la partie la plus faible de cette ressource, qui constitue souvent pour elle l'unique moyen de vivre honorablement, et l'accorder à l'homme, qui peut trouver mille carrières, mille professions, pour déployer son activité?

Plusieurs législations étrangères ont compris l'injustice de cette distinction, et ont défendu, non-seulement à la femme, mais aussi à l'homme, de se remarier pendant un certain délai; mais ce délai est généralement plus court pour le mari que pour la femme (1), ce qui est également susceptible de critique. Nous ne connaissons que les Codes d'Appenzell et de Wurtemberg qui déterminent un même laps de temps pour les deux conjoints (2).

D'après les lois anglaise, toscane et bavaroise, l'homme ou la femme peut, après la dissolution de son premier mariage, en contracter immédiatement un second (3). Ce dernier système, qui est celui du droit canonique (4), nous paraît préférable. L'intervalle qui doit être observé entre les premières et les secondes noces est une question dont l'appréciateur le plus compétent est l'opinion publique. Celle-ci jugera, selon la diversité des cas et la variété des circonstances, si la précipitation de l'un des époux à se remarier est ou non excusable. Les craintes que peut

(1) Danemark, art. 75 et 76; Hanovre, art. 10; Francfort, art. 15; Cantons de Bâle, art. 18; de St-Gall, art. 6 et 8 de Zurich, art. 73 et 74.— (2) App., loi du 25 septembre 1836, *Sur le mariage*, art. 9 et 61; Wurtemb., art. 22-2°. —(3) Gr.-Bretagne, art. 157; Toscane, art. 75 : Bavière, art. 25.—(4) Cap. 4 et 5, extr. *De sec. nupt.*

inspirer la confusion de part ne nous paraissent pas suffisantes pour les faire prévaloir contre la faveur due au mariage, qu'on peut faire manquer en le retardant.

Si la majorité des législations exigent l'expiration d'un certain délai avant de convoler en secondes noces, on ne défend pas de contracter un troisième ou quatrième mariage, pourvu que le précédent ait été dissous ou légalement annulé. Cette opinion, qui est celle de saint Paul et du concile de Nice, a été conservée dans tout l'Occident (1). Le sentiment contraire de saint Augustin (2) a prévalu en Orient, et depuis Constantin Porphyrogénète l'Église grecque prohibe absolument le quatrième mariage et le troisième, si la personne qui veut se marier a quarante ans et des enfants d'un des précédents mariages (3). Ces prohibitions restreignent arbitrairement la faculté naturelle que chacun doit avoir de se remarier lorsque, par suite d'un malheur imprévu, on a perdu successivement plusieurs conjoints. Elles multiplient, en outre, les liaisons illicites, et privent l'homme ou la femme des consolations ou des secours qu'il pourrait trouver dans une nouvelle union.

§ III. *De l'impuissance; des fiançailles.* — L'impuissance, naturelle ou accidentelle, fût-elle notoirement établie, ne constitue plus, comme dans l'ancien droit (4), un empêchement au mariage. La loi française, qui permet les mariages *in extremis*, ne pouvait pas, sans

(1) Pothier, *Op. cit.*, n° 528.—(2) *Eod.*, 529.—(3) Walter, *Op. cit.*, § 317; Recueil Niphon, droit canon valaque, pag. 105. En Russie également, on ne peut se remarier que trois fois (art. 16).—(4) Poth., *Op. cit.*, n°s 96 à 98; Merlin, *Répert.*, v° Impuissance, t. 6, p. 19.

injustice, priver l'impuissant des consolations que peut lui procurer le mariage (art. 212). Lors donc que deux personnes de sexe different consentent à s'épouser, rien ne s'oppose à leur mariage, quoique l'une d'elles ou toutes les deux soient impuissantes, car la faculté d'engendrer n'est pas requise comme condition nécessaire pour former ce contrat; mais si un individu a épousé une personne impuissante à son insu, nous pensons qu'il pourra demander la nullité du mariage pour cause d'erreur dans la personne (sur l'art. 180) (1). C'est là la doctrine du droit canon, qui voit une cause de nullité dans l'impuissance préexistante au mariage et inconnue à l'autre partie (2). Cette doctrine a été partout consacrée (3).

—Les fiançailles donnaient autrefois à chacune des parties une action pour contraindre l'autre à accomplir le mariage, et empêchaient le promettant d'épouser une autre personne tant que les fiançailles n'étaient pas régulièrement dissoutes. Et comme cet empêchement n'était que prohibitif, chaque fiancé avait le droit de s'opposer au mariage que l'autre voulait contracter (4).

Il n'en est plus de même aujourd'hui. Le silence complet que garde le Code Napoléon sur les fiançailles prouve suffisamment qu'elles ne sont plus obligatoires et qu'elles

(1) Marcadé, 1, n° 567.— (2) Walter, *Op. cit.*, § 299. —(3) Autriche, art. 60-1°; Bavière, art. 8-5°; Francfort, art. 8; Pologne, loi du 25 juin 1836, *Sur le mariage*, art. 22; Gr.-Bretagne, art. 120; Portugal, art. 101 à 104; Valachie, Code Carajia partie 3, ch. 16, art. 6, *b* et *c*; etc. — (4) Poth.. *Op. cit.*, n°s 23, 48 et 81.

ne donnent naissance à aucun empêchement au mariage. Cette doctrine est préférable à celle de l'ancien droit. L'intérêt que la société entière attache aux mariages exige que les futurs époux conservent leur complète liberté d'action jusqu'au moment où leur union sera célébrée par l'officier de l'état civil. Or, ils ne jouiraient plus de cette liberté si la loi tenait compte d'une promesse faite quelquefois sans beaucoup de réflexion.

La nullité d'une pareille promesse n'empêche pas celui qui refuserait injustement de l'accomplir d'être condamné à indemniser l'autre partie du préjudice causé (art. 1382). Les juges ont un pouvoir discrétionnaire pour apprécier quel est le montant de la perte, du *damnum emergens*, essuyée par la partie trompée dans son attente. Quant au gain, au *lucrum cessans*, que celle-ci s'était assuré par le contrat de mariage projeté, il ne lui sera pas alloué, car ce serait exécuter un projet de contrat de mariage tombé avec le mariage lui-même (art. 1088). Toutefois l'absence de ce gain peut avoir, aux yeux des juges, une certaine influence sur le *quantum* des dommages-intérêts.

Mais si les parties avaient stipulé une clause pénale contre celle qui violerait la promesse du mariage, il ne faut en tenir aucun compte : cette clause est nulle comme l'obligation principale dont elle dépend (art. 1227). Autrement, la liberté que la loi a voulu garantir aux futurs époux jusqu'au jour de la célébration du mariage, n'existerait plus en fait. Celui qui voudrait se départir de sa promesse se verrait, en effet, obligé ou de se marier, ou d'exécuter une clause pénale exorbitante que les juges n'ont plus au moins, comme autrefois, le pouvoir de réduire (1).

§ VI. *De l'engagement dans les ordres religieux et des vœux monastiques.* — C'est une des questions les plus discutées de notre matière que celle de savoir si, dans l'état actuel de la législation française, il est permis aux prêtres, diacres et sous-diacres catholiques, de se marier.

En droit canonique la prêtrise constitue un empêchement dirimant au mariage. Dès le XIIe siècle, la discipline ecclésiastique fut fixée dans ce sens par les deux conciles de Latran (de 1123 et 1139), et confirmée plus tard (en 1215) par le concile de Trente (2). Quoiqu'il n'existe dans l'ancien droit aucun acte législatif par lequel le pouvoir séculier ait rendu civilement obligatoire cette doctrine, il n'en est pas moins certain que l'usage y avait suppléé (3).

Mais en 1789 on sécularisa, comme on l'a dit, la législation française. Le mariage fut proclamé comme un contrat exclusivement civil par la Constitution du 3 septembre 1791 (tit. 2, art. 7). Cette Constitution déclara qu'elle ne reconnaissait plus « ni les vœux religieux, ni aucun autre engagement qui serait contraire aux droits naturels. » Les lois postérieures confirmèrent ces principes. Contrairement au droit canonique, le divorce fut admis, et l'engagement dans les ordres n'empêchait nullement le mariage (4). On alla même si loin qu'on menaça

(1) Art. 1152, C. Nap.; Poth, *Des obligat.*, n° 345; M. Demolombe, 3, n°s 27 à 31. — (2) Poth., *Contr. de mar.*, n° 111. — (3) Merlin, *Répert.*, t. 16, v° Célibat, p. 140. — (4) Loi du 20 septembre 1792.

de la déportation les évêques qui apporteraient quelques entraves au mariage des prêtres (1).

Le Code Napoléon, conformément à la Constitution du 3 septembre 1791, considère le mariage comme un contrat civil, et ne reconnaît d'autres empêchements que ceux qu'il édicte. La prêtrise ne forme donc plus aujourd'hui obstacle au mariage. Cette conséquence, qui a été déduite par le législateur lui-même (2), est conforme au principe d'après lequel une personne ne saurait aliéner perpétuellement sa liberté que dans les cas textuellement prévus par la loi.

En présence de ces principes incontestables, on a cependant essayé de soutenir l'opinion contraire. On a invoqué, à cet effet, l'art. 6 de la loi du 18 germinal an X, organique du concordat du 26 messidor an IX, qui range parmi les cas d'appel comme d'abus l'infraction des règles consacrées par les canons reçus en France. Conformément donc aux anciens canons, la loi du 18 germinal défend aux prêtres de se marier. — Cet argument ne prouve rien, parce qu'il prouve trop. S'il était fondé, si la loi du 18 germinal avait donné force obligatoire à tous les canons existant autrefois en France, il faudrait forcément en conclure que tous les empêchements au mariage fondés sur ces canons continuent d'exister; que par conséquent la défense de se marier s'étend en ligne collatérale jusqu'au quatrième degré, ou jusqu'au huitième selon la supputation civile; qu'un chrétien ne peut pas épouser une juive, etc.; que le mariage enfin qui ne serait pas célébré par un prêtre ne

(1) Décret du 19 juillet 1793. — (2) Locré, *Lég.*, 4, p. 497, n° 27.

constituerait qu'un concubinage. Sans doute ces conséquences sont absurdes, mais elles seraient complétement fondées si le point d'où l'on part était vrai.

On ne peut donc rien induire de la loi du 18 germinal an X; par son article 6 cette loi a voulu simplement donner une arme au gouvernement contre les prêtres « qui ne se conformeraient pas aux règlements de police jugés nécessaires pour la tranquillité publique. » Il y aura donc appel comme d'abus si le prêtre, en sa qualité de prêtre, contrevient à ces règlements ; mais certainement personne n'a le droit de le poursuivre s'il ne fait que rentrer dans la vie civile et invoquer l'exercice d'un droit assuré à tous les Français sans distinction.

Mais, dit-on, l'art. 6 de la Charte de 1814 a déclaré que la religion catholique, apostolique et romaine, est la religion de l'Etat. Qu'est-ce-à-dire ? Est-ce par hasard que tous les anciens canons auraient été remis en vigueur par cette déclaration, dont le but évident est d'assurer la prééminence à la religion professée par la majorité des Français? La conséquence serait plus bizarre que celle qu'on veut tirer de la loi du 18 germinal. Du reste, la Charte de 1830 et la Constitution du 14 janvier 1852 ont supprimé les mots « religion de l'Etat ».

On a invoqué encore trois lettres écrites par le ministre des cultes en 1806 et en 1807 (1). Mais comment ne s'est-on pas aperçu que ces lettres tournent justement contre ceux-là mêmes qui les invoquent à leur appui? Portalis, qui les a écrites, y déclare, en effet, que le Code Napoléon a gardé le silence sur le mariage des prêtres,

(1) Locré, *Lég.*, 4, pag. 610 à 612 ; Favard, *Répert.* 3, p. 450 à 460.

et que c'est l'Empereur qui a défendu aux officiers civils de célébrer le mariage qu'ils voudraient contracter. Mais par quel acte l'Empereur a-t-il créé cet empêchement, qui, de l'aveu du ministre des cultes, ne se trouve pas dans le Code Napoléon? Ce n'est ni par une loi, ni par un décret, mais par une déclaration purement orale (1). La mesure était donc arbitraire, contraire à la loi, et les lettres ministérielles sont également illégales et dépourvues de toute autorité.

—Soit, dit-on, la prêtrise ne constitue plus actuellement u empêchement dirimant, mais il faut au moins convenir qu'elle constitue un empêchement prohibitif. Portalis, en effet, lors de la présentation du projet de loi du 18 germinal an X, a déclaré que la défense faite aux prêtres de se marier par les règlements ecclésiastiques « n'est point consacrée comme empêchement dirimant dans l'ordre civil. » Cette défense constitue donc un empêchement prohibitif. Il n'en est rien cependant, car le discours d'un orateur, qui explique souvent la loi, ne peut pas la créer. D'ailleurs Portalis lui-même détruit la conséquence qu'on veut tirer de ses paroles précédentes, lorsqu'il déclare dans son rapport du 3 frimaire an XI « que la prêtrise n'est point un empêchement au mariage : une opposition au mariage, dit-il, fondée sur ce point, ne serait pas reçue et ne devrait pas l'être, parce que l'empêchement provenant de la prêtrise n'a pas été sanctionné par la loi civile. » Cette dernière déclaration est seule conforme aux nouveaux principes consignés dans le Code Napoléon, et doit, par conséquent, être préférée à la première.

(1) Toullier, 1, n° 560.

On revient cependant à la loi du 18 germinal an X, et on l'invoque, cette fois, pour prouver que la prêtrise constitue un empêchement prohibitif. Cette loi, dit-on, conformément au concordat de l'an IX, a rétabli le culte catholique en France, et l'Église a recouvré, par cela seul, le droit de procéder à l'accomplissement de tous les actes extérieurs nécessaires pour l'exercice du culte, et surtout à l'ordination des prêtres. Cette ordination est faite avec la participation et l'approbation du gouvernement (art. 16), qui se charge des honoraires des prêtres et leur accorde, à raison de la position particulière qu'ils occupent dans la société, plusieurs immunités (1). Comment donc le gouvernement pourrait-il permettre au prêtre de se marier et de violer ainsi les engagements qu'il a pris envers l'Église, engagements reconnus et acceptés par le gouvernement lui-même? Les officiers publics, les tribunaux, ne sauraient donc se prêter à célébrer un pareil mariage sans contrevenir aux lois qui garantissent l'exercice du culte catholique.

Cette argumentation ne nous paraît pas concluante. De ce que la loi subordonne l'ordination des prêtres par les évêques à l'agrément du gouvernement, il ne s'ensuit aucunement que, l'approbation une fois donnée, l'Etat soit obligé à garantir les engagements spirituels que le prêtre prend vis-à-vis de l'Église. L'Etat participe à l'ordination des catholiques comme il agrée les pasteurs protestants ou les rabbins (2); mais il ne s'inquiète nullement des engagements que prennent le catholique, le

(1) Art. 429, C. Nap.; loi du 22 mars 1831, art. 12; loi du 21 mars 1832, art. 14.— (2) Loi du 18 germinal an X; décret du 17 mars 1808.

protestant ou le juif vis-à-vis de leurs églises. Son intervention est une simple mesure de police, justifiée par les devoirs qu'il contracte à l'égard de ces fonctionnaires, qu'il salarie. Si l'intervention de l'Etat avait un autre caractère, si elle rendait civilement obligatoires les *vœux* que le prêtre fait lors de son ordination, il faudrait nécessairement conclure, non-seulement qu'il peut défendre au prêtre catholique de se marier, mais encore qu'il a le droit et le devoir de le contraindre à rester toujours catholique ; mais, avant d'arriver à cette conclusion, il faudrait prouver que les Français ne jouissent pas indistinctement de la liberté de conscience et de la liberté de religion (art. 5 de la Charte de 1830).

Il résulte donc de tout ce que nous venons de dire que la prêtrise ne constitue ni un empêchement dirimant ni un empêchement prohibitif au mariage. Celui qui abandonnera l'autel pour se marier encourra sans doute des censures ecclésiastiques pour son apostasie ; mais l'officier de l'état civil ne s'enquerra ni de ses opinions religieuses ni de ses engagements spirituels : il célébrera son mariage comme celui de tout autre citoyen français (1).

Mais que décider quant aux personnes qui font des vœux monastiques solennels ? Autrefois, il résultait de ces vœux un empêchement dirimant au mariage. Il n'en est plus de même aujourd'hui, car la loi a supprimé tous les

(1) Merlin, *Quest.*, v° Mariage, § 5, n° 6 ; MM. Valette, *Sur Proudh.*, 1, pag. 415 à 418 ; Bugnet, sur Pothier, *Contr. de mar.*, note sur le n° 117 ; Serrigny, *Droit public français*, 1. p. 567 ; Demolombe, 3, n° 131 ; Duverger, à son cours.

ordres, toutes les communautés religieuses où l'on se lie par des vœux solennels (1). Ces personnes demeurent donc parfaitement libres de se marier.

On propose pourtant de faire une distinction en ce qui concerne les congrégations hospitalières de femmes, qui ont été rétablies en France. Les élèves et novices qui veulent en faire partie ne peuvent s'engager que pour un an si elles n'ont que seize ans, et pour cinq ans si elles sont âgées de vingt et un ans. Cet engagement, qui est pris en présence de l'évêque et de l'officier de l'état civil, a pour but « de desservir les hospices, d'y servir les infirmes, les malades et les enfants abandonnés, ou de porter aux pauvres des soins, des secours, des remèdes à domicile (décret du 18 mars 1809). » Il y a donc là une espèce de service civil, de service administratif, que les religieuses promettent directement au pouvoir séculier lui-même. Il faut par conséquent qu'elles attendent, pour contracter mariage, l'expiration du temps pendant lequel elles ont promis ces services; autrement, elles se mettraient dans l'impossibilité de les continuer. Il y a donc ici un empêchement prohibitif.

Nous ne saurions admettre la distinction qu'on propose; sa base est trop fragile. Les empêchements au mariage, comme tout ce qui tend à restreindre notre liberté, doivent être écrits dans la loi; il n'est permis de les créer par voie d'interprétation que lorsqu'ils résultent de l'esprit certain de la loi. Or, nous ne trouvons rien dans le décret de 1809 qui nous autorise à le faire. L'Etat inter-

(1) Loi du 13-19 février 1790; loi du 18 août 1792; décret du 3 messidor an XII.

vient, il est vrai, d'une manière plus directe pour la nomination des religieuses hospitalières que pour l'ordination des prêtres ; mais il n'y a là qu'une différence de formes. Sans doute l'hospitalière s'engage envers l'Etat à rendre certains services dont la nature diffère de ceux que le prêtre promet à l'Eglise ; pourtant l'un comme l'autre se trouveraient dans l'impossibilité d'accomplir leurs devoirs s'ils se mariaient, et cependant pas plus dans un cas que dans l'autre l'Etat n'a le droit de s'y opposer. Les vœux solennels que l'hospitalière a pu faire ne l'y autorisent pas davantage, car ces vœux ne sauraient affecter la capacité civile de la personne (1).

CHAPITRE II.

DES FORMALITÉS RELATIVES A LA CÉLÉBRATION DU MARIAGE.

Nous avons terminé avec les conditions qu'on peut appeler internes, et qui sont tirées des qualités personnelles de celui qui veut contracter mariage. Il y a d'autres conditions, qui sont externes, consistant en certaines formalités dont le but est de s'assurer de l'existence des conditions internes et de rendre le mariage public. Parmi ces formalités, il y en a qui précèdent, d'autres qui accompagnent la célébration du mariage, et d'autres enfin qui la suivent quelquefois.

La principale préoccupation du législateur est d'entourer le mariage d'une grande publicité. La loi aurait

(1) *Rec. périod.*, de Dalloz, 1833, 1, 123, 1re col.

manqué de prévoyance si elle avait laissé s'accomplir clandestinement un contrat qui crée la famille, qui modifie la capacité juridique des personnes, et qui intéresse au plus haut degré la société tout entière, ainsi que les particuliers.

Dans ce chapitre, nous nous occuperons des publications qui doivent précéder le mariage, de sa célébration, de la rédaction de l'acte qui en constate l'existence, du domicile matrimonial, et enfin des mariages contractés par les Français à l'étranger ou par les étrangers en France.

§ 1er. — *Des Publications.*

Avant de procéder à la célébration du mariage, les futurs sont obligés de rendre public le projet qu'ils ont formé. A cet effet, ils s'adressent à l'officier de l'état civil, qui n'est tenu d'écouter leur demande que si elle est faite de leur commun accord, et s'ils lui remettent les notes nécessaires pour procéder à la publication du projet de mariage. Mais les futurs époux ne sont pas obligés de prouver dès à présent l'exactitude de ces notes (1).

Sur le vu de ces notes, l'officier en dresse un acte qui doit énoncer les prénoms, noms, professions et domiciles des futurs époux et de leurs pères et mères, ainsi que la qualité de mineurs ou de majeurs des époux. Il énoncera, en outre, les jours, lieux et heures où les publications auront été faites.

(1) Avis du conseil d'État des 19-30 mars 1803; Zach., Aubry et Rau, 4, § 465.

Cet acte sera inscrit sur un registre, coté et paraphé, mais tenu en un seul original. Il sera déposé au greffe du tribunal de première instance à la fin de chaque année (art. 41 et 63).

Il doit y avoir deux publications, faites à huit jours d'intervalle, le dimanche, devant la porte de la maison commune, ou d'un endroit central et habité, à défaut de maison commune (1). Un extrait de l'acte de publication y restera affiché pendant ces huit jours. Le mariage ne pourra être célébré avant le troisième jour depuis et non compris celui de la seconde publication (art. 63 et 64). Mais les futurs peuvent, pour des causes graves, être dispensés par le procureur impérial (2) de la seconde publication (art. 169), et alors leur union pourra être célébrée le troisième jour après la première publication (art. 64).

Ils ne peuvent donc, dans aucun cas, se faire dispenser de la première publication, et par conséquent ils doivent attendre au moins quatre jours pour se marier. Cette règle inflexible peut devenir quelquefois tyrannique. Aussi nous préférons la règle consacrée par beaucoup d'Etats européens, et d'après laquelle les futurs peuvent, pour des causes légitimes. comme la mort imminente ou un voyage entrepris dans l'intérêt de l'État, se dispenser de toute espèce de publications (3). Il en était ainsi également dans l'ancien droit français, malgré l'art. 40 de l'ordonnance de Blois, qui n'était pas observé (4).

(1) Loi du 18 floréal an X. art. 3. Locré, 1, p. 417.—(2) Cpr. La loi du 20 prairial an XI, art. 3 et 4.—(3) Danemark, art. 55, ; Pologne, loi du 25 juin 1836 *Sur le mariage*, art. 47 ; Autriche, art. 86; Deux-Siciles, art. 179; Cantons de Bâle, art. 34; de Soleure, art. 112. — (4) Pothier, *Op. cit.*, nos 78 et 79.

Lorsque le mariage n'a pas été célébré dans l'année à compter de l'expiration du dernier jour pendant lequel il pouvait l'être, de nouvelles publications devront être faites (art. 65).

Mais quelles sont les communes où les publications doivent être faites? Il est d'abord certain qu'elles doivent l'être au domicile ordinaire, car c'est à ce domicile surtout que les futurs sont connus (cbn. les art. 102 et 166). Mais s'ils ont une résidence distincte de leur domicile et qu'ils s'y trouvent depuis six mois, les publications seront également faites à ce dernier domicile matrimonial (Cbn. les art. 74 et 167). Lorsqu'ils ont besoin pour se marier du consentement ou du conseil de leurs ascendants, ou du conseil de famille, les publications seront faites en outre aux municipalités où se trouve le domicile des ascendants ou le siége du conseil (article 168), sans distinguer si c'est en France ou à l'étranger (1).

§ 2. — *De la Célébration.*

Les officiers de l'état civil, maires ou adjoints, sont les seuls fonctionnaires, aux yeux de la loi, qui peuvent célébrer le mariage. Sans doute, il est permis aux époux de faire bénir leur union par les ministres du culte; mais il est défendu à ces derniers de donner la bénédiction nuptiale avant qu'on leur ait préalablement prouvé que le mariage a été célébré devant l'officier civil (2).

(1) Circul. du ministre de la justice, du 14 mars 1831.—(2) Loi du 18 germinal an X, art. 54; C. pén., art. 199 et 200, et loi du 28 avril 1832.

Sont compétents pour célébrer le mariage, les officiers civils du domicile ordinaire des parties ou de l'une d'elles, ou du domicile qu'elles ont acquis par six mois de résidence (art. 74 et 165).

Avant de procéder à la célébration, l'officier se fera remettre par les futurs tous les titres nécessaires pour justifier que les conditions et les formalités exigées par la loi ont été observées. Ainsi on lui remettra : *a*) l'acte de naissance des futurs époux, qui pourra être remplacé par un acte de notoriété (art. 70 à 72); *b*) un acte authentique, prouvant le consentement des ascendants, s'ils n'assistent pas à la célébration, ou les actes respectueux qui leur ont été faits (art. 74, 4° et 5°) ; *c*) la délibération du conseil de famille ou le consentement du tuteur *ad hoc* (art. 159 et 160) ; *d*) la permission des chefs, s'il s'agit d'un militaire ; *e*) l'expédition authentique des dispenses qui ont pu être accordées ; *f*) l'acte constatant la dissolution d'un précédent mariage (1) ; *g*) les certificats des publications qui ont dû être faites dans les différentes communes où le mariage peut être célébré (art. 76-6°); *h*) les mainlevées des oppositions qui ont pu avoir lieu, ou les certificats qui attestent qu'il n'en existe aucune (art. 67 et 69).

Si, parmi les pièces produites, il y en a qui renferment des erreurs ou des irrégularités, l'officier de l'état civil ne doit pas procéder à la célébration du mariage avant qu'on lui présente un jugement de rectification (art. 99 à 101). Cette règle ne souffre exception que pour les actes de naissance qui contiennent des erreurs matérielles, comme

(1) Avis du conseil d'État, du 17 germinal an XIII.

l'omission d'un prénom, ou un nom mal orthographié. Dans ce cas, un jugement de rectification n'est pas nécessaire ; il suffit que l'identité de la personne soit prouvée, conformément à l'avis du Conseil d'Etat du 30 mars 1808 (1).

La célébration aura lieu publiquement et en la maison commune (art. 75 et 165). Cependant, s'il y a des circonstances graves, s'il s'agit d'un mariage *in extremis*, l'officier de l'état civil se conformerait à l'esprit de la loi s'il se transportait dans une maison particulière pour célébrer le mariage (2).

Lorsque les parties et les quatre témoins (art. 37) seront en présence de l'officier, celui-ci fera lecture aux parties des pièces relatives à leur état et aux formalités du mariage, ainsi que du chapitre VI du titre *Du Mariage*, sur *les droits et les devoirs respectifs des époux*. Provoquées par l'officier, les parties répondront, l'une après l'autre, qu'elles veulent se prendre pour mari et femme. Cette réponse doit être faite de vive voix (3), à moins que, pour des motifs légitimes, les futurs ou l'un d'eux ne soient forcés de manifester autrement leur volonté. Sur leur réponse affirmative, l'officier prononce, au nom de la loi, qu'ils sont unis par le mariage (art. 75).

Immédiatement après ce prononcé, qui forme irrévocablement le mariage, l'officier de l'état civil doit rédiger l'acte qui en est la preuve légale (art. 194 et 195) L'art. 76 énumère toutes les énonciations qui doivent

(1) Cpr. la loi du 10 décembre 1850.—(2) M. Demolombe, 3, n° 206 ; Zach., Aubry et Rau, 4, § 466, note 9. — (3) Loi du 20 septembre 1792, sect. 4, art. 5.

s'y trouver, constatant que les conditions et formalités nécessaires pour contracter mariage ont eté observées. La loi du 10 juillet 1850 oblige, en outre, l'officier de l'état civil, à mentionner dans l'acte de célébration le régime matrimonial adopté par les époux. Il y a là une heureuse innovation, très-favorable au crédit, et qui complète les lacunes que présentait le Code Napoléon à cet égard (1).

§ 3. — *Du Domicile matrimonial.*

Nous avons vu que les publications et la célébration du mariage ne peuvent avoir lieu qu'au domicile des parties contractantes et devant l'officier civil de ce domicile. Nous dirons dans ce paragraphe quel est précisément ce domicile matrimonial, et nous examinerons ensuite la question de savoir si la compétence de l'officier de l'état civil est territoriale ou personnelle.

1° Le domicile réel, le domicile général de chaque personne, est « au lieu où elle a son principal établissement » (art. 102); mais quant au mariage, nous trouvons quelque chose de spécial. On peut, en effet, se marier, soit au lieu de son domicile ordinaire, quel que soit le laps de temps qu'on y ait résidé, soit au lieu où l'on réside depuis six mois, quoiqu'on n'y soit pas domicilié.

Ceci résulte des textes et de l'esprit de la loi. Il est vrai que les textes paraissent d'abord contraires à cette interprétation. L'art. 74 semble poser une règle géné-

(1) Voy. le rapport présenté à l'assemblée nationale le 11 juin 1850 par M. Valette.

rale : « Le domicile, quant au mariage, s'établira par six mois d'habitation continue dans la même commune. » Il n'y a donc qu'un seul domicile matrimonial, nous dit-on : c'est celui dont nous parle l'art. 74 et auquel se réfèrent évidemment les art. 165 et 166.— Cette manière de voir n'est pas conforme à l'économie de la loi, et supprime en même temps l'art. 167. Elle n'est pas conforme à l'économie de la loi, car les art. 165 et 166 parlent du *domicile* des parties sans renvoyer à l'art. 74, renvoi qui eût été très-nécessaire si le législateur n'avait entendu parler que du domicile acquis par six mois de résidence. Il avait, en effet, après l'art. 74, consacré un titre tout entier au domicile (art. 102 et suiv.), où ce mot est employé toujours par opposition à la simple résidence, ainsi qu'au titre *Des Absents*. Si les rédacteurs voulaient, après tout cela, donner au mot *domicile*, employé par les art. 165 et 166, un sens différent, il fallait rappeler l'art. 74; autrement la combinaison de ces textes serait, pour ainsi dire cachée, et deviendrait, « pour les interprètes et pour les justiciables, un véritable piége (1). » Du reste, l'art. 167 lève tous les doutes : « *néanmoins*, dit-il, si le domicile actuel n'est établi que par six mois de résidence, les publications seront faites en outre à la municipalité du dernier domicile. » S'il n'y avait donc qu'un seul domicile matrimonial, celui de l'art 74, acquis par six mois de résidence, on ne pourrait jamais expliquer l'art. 167, qui nous parle et du domicile réel et de la résidence de six mois.

L'esprit de la loi vient également à l'appui de l'inter-

(1) M. Valette, explicat. som. du liv. 1 du C. Nap., pag. 93.

prétation que nous préférons. S'il était vrai qu'on ne pût se marier que là où l'on réside depuis six mois, il arriverait souvent que le mariage serait entravé pendant plusieurs mois; or, il n'est pas vraisemblable que le législateur ait élevé de pareils obstacles à l'accomplissement d'un acte qu'il voit avec une si grande faveur. C'est donc rentrer complètement dans ses vues que de multiplier les endroits où la célébration du mariage peut avoir lieu.

On peut, par conséquent, se marier soit au domicile ordinaire, soit au domicile qui, par faveur pour le mariage, est acquis à la suite d'une résidence de six mois (1). Lorsque le mariage sera célébré à ce dernier domicile, les publications devront être faites et au lieu de la résidence et au domicile ordinaire (art. 167). Mais si c'est au domicile ordinaire que la célébration du mariage doit se faire, aucun texte n'exige que les publication soient faites également là où l'une des parties a résidé en dernier lieu pendant six mois continus (2).

2° C'est devant l'officier civil de l'un ou de l'autre de ces domiciles que le mariage doit être célébré. Mais cet officier pourrait-il se transporter dans une autre commune afin d'y célébrer le mariage? En d'autres termes, sa compétence est-elle territoriale ou personnelle?

Il résulte du rapprochement des art. 74 et 165 que sa compétence est purement territoriale. C'est « dans la commune où l'un des époux aura son domicile » et « de-

(1) Voy., dans ce sens, un décret d'ordre du jour du 22 germinal an II; Locré, *Lég.*, 4, p. 342, n°s 5 et 6 — (2) MM. Valette, *Op. cit.*, pag. 91 à 96; Demolombe, 3, n°s 196 à 203; Bugnet, sur Pothier, *Contr. de mar.*, notes sous le n° 72; Duverger, à son cours

vant l'officier civil de ce domicile » que le mariage doit être célébré. Il faut donc que l'officier se trouve dans cette commune, là où sont les registres de l'état civil, et hors de laquelle il n'a plus aucun caractère public. Ceux qui soutiennent l'opinion contraire admettent bien que le maire qui a quitté sa commune ne conserve plus ni sa qualité d'administrateur, ni celle d'officier de police, et qu'il ne saurait non plus rédiger des actes de naissance ou de décès; mais ils pensent qu'il continue d'être compètent pour célébrer un mariage. Cette distinction est tout à fait arbitraire : elle ne repose sur aucun texte. Il peut certainement se rencontrer des situations telles qu'il eût été de la plus grande justice d'accorder à l'officier de l'état civil un pareil pouvoir ; mais la loi ne l'a pas fait (1).

§ 4. — *Des mariages contractés à l'étranger, soit entre Français, soit entre Français et étrangers.*

Les Français peuvent contracter mariage à l'etranger sans qu'ils aient besoin d'une autorisation du gouvernement, comme dans l'ancien droit (2).

Cependant le Français qui se marie à l'étranger doit observer la loi française pour tout ce qui touche à son état ou à sa capacité (art. 3). Il doit se conformer par conséquent aux dispositions du chapitre précédent (article 170) relatives à l'âge nécessaire pour contracter mariage, au consentement à obtenir ou aux actes respec-

(1) MM. Duranton, 2, n°s 340 à 343 ; Ducaurroy, Bonnier et Roustaing, 1, n° 273 ; Duverger, à son cours. — (2) Merlin, *Répert.*, t. 8, v° Mariage, sect. 4, § 2, n° 9.

tueux à faire, aux empêchements résultant de la parenté, de l'alliance, etc.

En ce qui concerne la célébration du mariage, elle se fera par les officiers du pays et d'après les formes qui y sont usitées, conformément à la règle *locus regit actum*. Mais si les futurs époux sont tous les deux Français, ils sont libres de ne pas s'adresser aux autorités étrangères, mais de faire célébrer leur mariage, conformément aux lois françaises, par les agents diplomatiques ou par les consuls français, ainsi que cela résulte de la généralité des termes de l'art. 48 (1). Les officiers étrangers sont seuls, au contraire, compétents, si une seule des parties est française (art. 47 et 48).

Il n'est pas nécessaire que le Français ait une résidence de six mois à l'étranger. La seconde partie de l'art. 170, qui exigeait cette condition, au moins quand le mariage avait lieu entre deux Français, a été supprimée sur la proposition du premier consul (2). Cette condition eût été, en effet, inutile, car c'est en France qu'il importe que le projet de mariage soit connu, et l'art. 170 exige précisément que des publications y soient faites. Ces publications seront faites de la même manière qu'elles le seraient si la célébration du mariage avait lieu en France, c'est-à-dire qu'elles se feront au domicile du Français (art. 166) et dans les autres communes dont parlent les art. 167 et 168. L'art. 170 renvoie en effet à l'art 63, qui n'indique pas l'endroit où il faut faire des publications; il faut donc compléter par les art. 166 à 168 l'art. 63, dont ils règlent l'application.

(1) Cpr. l'ordonnance du 23 octobre 1853, art. 15. — (2) Locré, *Lég.*, 4, pag. 341 et 352.

Ces publications doivent être faites dans tous les cas. L'exception qu'on voudrait faire pour le Français qui demeure à l'étranger depuis de longues années, exception qui s'appuierait sur une discussion qui a eu lieu au Conseil d'Etat (1), ne peut pas se soutenir en présence de la généralité des art. 94 et 170. Nous serons cependant bien obligés de l'admettre lorsqu'il y aura absence de tout domicile connu en France (2).

Les mêmes règles s'appliquent en général aux militaires français qui se trouvent à l'étranger et qui obtiennent la permission de s'y marier. Seulement, l'unique autorité compétente pour célébrer leur mariage, ce sont les majors, les intendants, les sous-intendants militaires, auxquels la loi a conféré les attributions des officiers de l'état civil (3). Les militaires, quoiqu'à l'étranger, sont réputés être toujours en France, car *là où est le drapeau là est la France;* les officiers étrangers ne sauraient par conséquent garder aucun pouvoir pour recevoir les actes de l'état civil concernant les Français (4).

Les publications de mariage des militaires seront faites en France, conformément au droit commun; mais elles seront en outre, vingt-cinq jours avant la célébration, mises à l'ordre du jour du corps, de l'armée ou du corps d'armée dont fait partie le militaire qui se marie (art. 94). Aussitôt après l'inscription de l'acte de ma-

(1) Locré, *Lég.*, 4, pag. 350 et 351. — (2) Demante, 1, n° 242 *bis*, 2. — (3) Art. 88 et 89, C. Nap.: arrêté du 1er vendémiaire an XII; ordonn. du 29 juillet 1817, tit. 3, art. 9. — (4) Merlin, *Répert.*, v° État civil, § 3, n° 1, et *Quest*, v° Mariage, § 7, n° 3; MM. Duranton, 1, 194; Valette, *Sur Proudh.*, 1, p. 234.

riage sur les registres, l'autorité militaire enverra une expédition à l'officier de l'état civil du domicile du mari et de la femme, si, bien entendu, celle-ci est d'origine française (art. 95).

Le Français qui s'est marié à l'étranger doit, s'il revient en France, dans les trois mois après son retour, faire transcrire l'acte de célébration sur le registre public des mariages de son domicile (art. 171). Le délai de trois mois n'est pas fatal : la transcription peut être faite à toute époque ; mais, si trois mois sont expirés, il faudra obtenir un jugement de rectification (1).

Cette transcription est nécessaire lorsqu'il s'agit d'un Français qui s'est marié à l'étranger devant l'officier étranger et selon les formes étrangères (cbn. art. 170 et 171). Mais si le mariage a été célébré par les consuls ou agents diplomatiques, ou bien par des officiers militaires, c'est à l'officier militaire ou à l'agent diplomatique que la loi impose cette obligation (2).

—Quelles sont les conséquences d'un mariage qu'un Français contracte à l'étranger en violant les règles que nous venons d'exposer ?

Occupons-nous d'abord de la sanction de l'art. 170. Qu'arrivera-t-il donc si le Français qui se marie à l'étranger viole les dispositions du chapitre précédent, ou s'il ne fait pas de publications en France ? Il est certain que toutes les fois qu'il sera contrevenu aux règles relatives au consentement des parents ou du conseil de

(1) Lettre du grand juge, du 5 germinal an XII, rapp. par Merlin, *Répert.*, 8, v° Mariage, sect. 3, § 1, n° 3, pag. 579 et 580.—(2) Art. 95 à 98, C. Nap. ; circul. du ministre des affaires étrangères, rapp. par M. Hutt. d'Origny, ch. 5, tit. 3 ; ordonn. du 23 octobre 1833.

famille, à l'existence d'un premier mariage, à l'âge, à la parenté et à l'alliance, son mariage sera annulé en France, Mais que décider s'il contrevient à des règles dont l'infraction, si le mariage avait eu lieu en France, ne le rendrait pas annulable? Si, par exemple, il a omis de faire des actes respectueux à ses parents, ou bien a passé à la célébration sans avoir préalablement fait en France les publications exigées par l'art. 170, son mariage pourra-t-il être annulé? Quelque spécieux que soient les motifs sur lesquels on s'est fondé pour soutenir, soit qu'un pareil mariage est nul dans tous les cas, soit que les juges ont à cet égard un pouvoir discrétionnaire, nous ne croyons pas que ce mariage contracté à l'étranger ait moins de validité que s'il avait été célébré en France.

Les lois, en effet, qui concernent l'état et la capacité des personnes, régissent les Français même résidant en pays étranger (art. 3), et les régissent évidemment de la même manière que s'ils étaient en France; or, le défaut d'actes respectueux et de publication n'entraîne pas la nullité d'un mariage célébré en France (1) : donc, il doit en être de même s'il s'agit d'un mariage contracté à l'étranger. Sans doute l'impossibilité où se trouvent alors les tribunaux français d'appliquer les art. 157 et 192 aurait pu décider le législateur à prononcer la nullité de ce mariage ou à donner au juge un pouvoir discrétionnaire; mais il ne l'a pas fait, et il ne nous est pas permis de combler cette lacune.

Nous disons que le législateur ne l'a pas fait et cepen-

(1) Cpr., art. 165, 182, 191 à 193.

dant on a prétendu le contraire. L'art. 170, dit-on, est formel; il déclare que le mariage « *sera valable... pourvu qu'il* ait été précédé des publications. » Donc le mariage ne sera pas valable dans le cas contraire. D'ailleurs, ajoute-t-on, ces publications sont le seul moyen de rendre le mariage public en France; sans elles, il est entaché de clandestinité, et l'art. 191 lui est applicable.—Ces raisons ne sont pas fondées. D'abord, la nullité qu'on induit de l'art. 170 est tirée par un argument *a contrario*; or, on reconnaît unanimment qu'il n'est pas permis de créer des nullités de mariage à l'aide d'un pareil argument. Et cette règle doit être observée surtout à propos de l'art. 170, qui, exigeant des publications en France alors même que la législation étrangère ne les prescrit pas, déroge au principe du droit commun : *locus regit actum.* Du reste, si les expressions : « sera valable *pourvu que* », de l'art. 170, étaient irritantes, il faudrait en dire autant des mots : *le mariage ne pourra être célébré*, employés par les art. 64 et 65, et cependant il est certain que la nullité n'est pas la sanction de ces derniers articles (art. 192 et 193).

Quant à l'induction tirée de l'art. 191, elle ne nous paraît pas mieux fondée. Et d'abord nous pourrions écarter cet article par une simple fin de non-recevoir. L'art. 191, pouvons-nous dire, ainsi que le chapitre 4, où il se trouve, s'occupe des mariages célébrés en France; il ne vous est donc pas permis de l'invoquer lorsqu'il s'agit de mariages contractés à l'étranger. Admettant même que l'art. 191 s'applique à notre matière, quelles conséquences faut-il en tirer? Il résulte de cet article, combiné avec les art. 165, 192 et 193, que les juges ont un pouvoir discrétionnaire pour annuler le mariage, lorsque les formalités qui doivent l'*accompagner* n'ont pas été observées ; que, s'il y a absence seulement des formalités qui *précèdent* le mariage, il est parfaitement valable, et les juges ne peuvent alors l'annuler. Voulez-vous maintenant appliquer ces dispositions au mariage célébré à l'étranger? Il faut évidemment les appliquer avec les mêmes distinctions (art. 3). Si donc les époux n'ont pas observé les formalités qui devaient accompagner le mariage d'après les lois du pays où il a été célébré, les juges français examineront s'il y a ou non lieu à prononcer son annulation ; si, au contraire, toutes ces formalités ont été accomplies, moins les publications qui doivent être faites en France, en vertu de quel texte les juges pourraient-ils annuler ce mariage? Est-ce qu'ils ne sont pas obligés de tenir compte de la règle *locus regit actum*, et de reconnaître que ce mariage, ayant toute la publicité voulue par la loi étrangère, ne manque que d'une formalité qui n'est pas exigée en France à peine de nullité? Direz-vous que, justement à cause de l'absence de cette dernière formalité, le mariage est présumé avoir été contracté clandestinement? Mais cette présomption, démentie par les faits que nous supposons, c'est vous qui la créez, car elle n'est écrite nulle part.

Nous croyons donc que le mariage célébré à l'étranger conformément aux lois du pays, mais qui n'a pas été publié en France ainsi que le veut l'art. 170, est aussi valable que s'il avait eu lieu en France. La seule sanction de l'art. 170 consiste dans l'amende qui sera encourue par les parties, proportionnellement à leur fortune (art. 192) (1).

Toutefois, s'il est établi en fait que le Français, en se rendant à l'étranger pour se marier, a voulu frauder la loi française, qu'il n'a pas publié son projet de mariage afin de le tenir caché ou de ne pas faire les actes respectueux, les tribunaux français pourront annuler ce mariage. Le Français ne peut plus, en pareil cas, invoquer la maxime *locus regit actum*, car elle ne protége que les actes qu'on a faits de bonne foi et sans l'intention de violer les lois de sa patrie (2).

Nous arrivons à l'art. 171. Il exige que, trois mois après son retour en France, le Français qui s'est marié à l'étranger fasse transcrire l'acte de célébration sur le registre public des mariages de son domicile. Quelle est la sanction de cette disposition ? L'art. 171 n'en mentionne aucune, et il résulte des travaux préparatoires que même la peine *pécuniaire* que le législateur voulait prononcer en pareil cas n'a définitivement pas été admise (3). Il n'y a donc là qu'une disposition purement réglementaire, que le Français néanmoins est très-intéressé à observer. Il pourrait en effet, sans cela, éprouver des difficultés pour prouver l'existence de son mariage, et, dans tous les cas, les tiers s'en trouveraient peut-être lesés, et ils invoqueraient alors contre lui l'art. 1382 (4).

(1) Merlin, *Répert.*, 16, v° Bans de mariage, n° 2 ; et *Quest.*, 9, v° Publ. de mar. §§ 1 et 2 ; Vazeille, 1, n° 158 ; Zach , Aubry et Rau, 4, § 408, note 16. — (2) Zach., *eod.*, note 17. — (3) Locré, *Lég.*, 4, pag. 352, n° 23. — (4) MM. Moulon, *Revue* de *dr. fr. et étr.*, 1844, 1, pag. 885, et ses *Répert.*, 1, pag. 308 à 315 ; Demolombe, 3, n° 229.

§ 5. — *Des mariages contractés en France, soit entre étrangers, soit entre Français et étrangers.*

La capacité des étrangers qui se marient en France, soit entre eux, soit avec des Français, doit être réglée selon la loi de leur pays (art. 3-3°). La loi française ne peut pas, en général, être invoquée par eux ni leur être opposée. Ainsi, l'étranger qui, d'après sa loi personnelle, est encore mineur, n'est pas libre de se marier en France quoiqu'il soit majeur selon la loi française; réciproquement, l'étranger qui est majeur suivant la loi de son pays sera admis à se marier en France quoiqu'il soit mineur selon la loi française. L'étranger qui a légalement divorcé dans son pays peut se marier en France, même avec une Française, et quoique son conjoint soit encore vivant (1).

Cependant, dans certains cas, la loi française peut être invoquée par l'étranger. Ainsi l'étranger qui serait incapable de se marier par suite de proscription politique ou de condamnations pénales prononcées dans son pays peut contracter valablement un mariage en France (2). Dans d'autres cas la loi française peut lui être opposée : par exemple, l'étranger qui, d'après la loi de son pays, est capable d'épouser plusieurs femmes, ne jouit plus de cette capacité en France, où l'on considère de pareilles unions comme contraires aux bonnes mœurs et à l'ordre public. De même, l'étranger ne pourrait se

(1) M. Demolombe, 1, nos 99 à 101. — (2) M. Valette *Sur Proudh.*, 1, p. 136, note 2; Zach., Aubry et Rau, 1, § 31, notes 38 à 40.

marier avec une personne française parente ou qui lui serait alliée au degré prohibé par la loi française, quoiqu'il fût capable de le faire selon sa loi personnelle (1). S'il veut contracter un mariage qui en France nécessiterait des dispenses, il faut qu'il obtienne ces dispenses alors même que la loi de son pays ne lui imposerait pas une pareille obligation (2). Mais si, en fait, le mariage est célébré sans dispense, il ne pourra pas être annulé pour cette cause (3).

Quant aux formes du mariage et à la manière de le prouver, c'est la loi française qui s'applique : *locus regit actum*. Il faudra, par conséquent, que l'étranger qui n'a pas six mois de résidence en France fasse publier son mariage dans son pays, comme le recommande une circulaire ministérielle de 1831 (4). Cette publication pourra provoquer des obstacles, des oppositions. L'étranger devra donc se munir d'un certificat délivré par les autorités de son pays, pour justifier devant l'officier civil français qu'il est habile à contracter mariage. La circulaire précitée recommande cette sage précaution au Français qui se propose d'épouser une étrangère. Cependant, s'il y a des difficultés, des raisons légitimes qui empêchent l'étranger d'obtenir ce certificat, les tribunaux apprécieront. En cas d'impossibilité l'étranger pourra même remplacer ce certificat par un acte de notoriété dressé conformément à l'art. 70 du Code Napoléon (5).

En Prusse, le législateur exige toujours et sans excep-

(1) M. Duranton, 2, nos 164 et 165. — (2) Circul. ministérielle du 10 mai 1824. — (3) Zach., 4, § 469. — (4) Circul. du ministre de la justice du 4 mars 1831. — (5) Lettre du procureur impérial près le tribunal de la Seine, du 7 juillet 1835; M. Fœlix. *Op. cit.*, n° 12.

tion que l'étranger qui veut s'y marier avec un autre étranger ou un Prussien présente le certificat dont nous venons de parler (1). Il pourrait, par conséquent, se faire que l'étranger se trouve dans des circonstances telles, qu'il ne pût d'aucune manière se marier en Prusse : une règle si absolue est donc regrettable; il aurait fallu du moins donner aux juges le pouvoir d'en tempérer l'application.

CHAPITRE III.

DES OPPOSITIONS AU MARIAGE.

Le mariage contracté au mépris des empêchements légaux peut entraîner des peines correctionnelles contre l'officier de l'état civil qui l'a célébré (2), ou bien il peut être annulé par les tribunaux. Dans ce dernier cas, la perte est souvent irréparable pour la femme. La loi, pleine de sollicitude pour l'honneur et la sécurité des familles, devait donc prendre des précautions pour prévenir le mal; elle a accordé, en conséquence, à certaines personnes, le droit de faire *opposition* au mariage, c'est-à-dire d'indiquer à l'officier civil les obstacles qui empêchent la célébration.

Cependant la loi devait renfermer l'exercice de ce droit dans certaines limites, et ne pas l'accorder au premier venu. Dans cette matière plus que dans toute autre, il fallait se prémunir contre les passions individuelles, et

(1) Prusse, loi du 13 mars 1854. — (2) Cpr., art. 156 et 157, C. Nap. ; articles 193 à 195, C. pén.

ne pas permettre que cette mesure devînt « un moyen de vexation au service des intérêts blessés, des espérances déçues, de la vanité humiliée, enfin, de mécontentements de toutes sortes, que suscitent très-souvent les projets de mariage (1). » Aussi, le Code Napoléon a déterminé le nombre des personnes capables de former opposition, spécifiant en même temps, pour quelques-unes, les causes sur lesquelles l'opposition peut être fondée. Il faut pourtant convenir, avec la plupart des auteurs, qu'on est allé trop loin, et qu'on pouvait sans danger reculer les limites dans lesquelles on a renfermé l'exercice de ce droit.

Nous nous occuperons, dans ce chapitre, des personnes capables de former opposition, et des causes sur lesquelles elles peuvent la fonder ; de la manière dont l'opposition doit être faite ; des effets juridiques qu'elle entraîne, et enfin, de la manière dont elle peut être levée.

§ I. *Par quelles personnes et pour quelles causes l'opposition peut être formée.*

Parmi les personnes capables de former opposition au mariage, il y en a qui peuvent la fonder sur quelque cause que ce soit, et d'autres qui ne peuvent la fonder que sur des causes prévues par la loi. Dans la première catégorie se trouvent les ascendants ; dans la seconde, l'époux dont le conjoint veut se remarier, certains collatéraux, le tuteur ou le curateur.

(1) M. Demolombe, 3, n° 136.

1° Les ascendants ne jouissent de ce droit que graduellement. Le père est appelé avant tout autre ascendant, et lorsqu'il se trouve dans l'impossibilité de manifester sa volonté (art. 149 et 150), le droit d'opposition passe à la mère. A défaut de la mère, ce droit passe aux aïeuls et aïeules ou aux bisaïeuls et bisaïeules (art. 173 et 174).

S'il y a dans la même ligne un aïeul et une aïeule, celle-ci ne peut s'opposer au mariage du petit-fils qu'à défaut de l'aïeul, car, lorsqu'il y a dissentiment entre eux, le consentement de l'aïeul l'emporte (art. 150). Mais s'il y a dissentiment entre les deux lignes, le consentement de l'une n'emporte pas la perte du droit d'opposition pour l'autre, car ce droit appartient concurremment aux deux lignes (art. 173) (1).

Ce droit conféré aux ascendants est absolu ; ils ne sont obligés d'indiquer aucun motif dans l'exploit par lequel ils font connaître leur volonté à l'officier civil (art. 176). Qu'il existe ou non un empêchement légal au mariage, que l'enfant ait vingt-cinq ans (art. 173) ou vingt et un ans révolus (art. 148), l'officier civil doit s'arrêter en présence d'une pareille opposition. Mais lorsque l'enfant, majeur pour le mariage, demandera la mainlevée de l'opposition, il faudra bien que l'ascendant prouve l'existence d'un empêchement légal, sinon le tribunal doit accorder la mainlevée. Les enfants, en effet, ne sont obligés de requérir le consentement de leurs parents que jusqu'à un certain âge (art. 148 à 150), passé lequel ils sont libres de se marier, après avoir fait préalablement des actes respectueux (art. 151 et 152). Les tribunaux ne peuvent,

(1) M. Demolombe, 3, n° 140.

par conséquent, maintenir l'opposition des ascendants qu'autant qu'elle est fondée sur un empêchement légal ; autrement, si les juges avaient un pouvoir discrétionnaire à cet égard, il arriverait que dans certains cas les enfants auraient besoin du consentement de leurs ascendants pendant toute leur vie. Si la loi a permis aux ascendants de former opposition sans alléguer aucun motif ou en alléguant des motifs impuissants à empêcher le le mariage, c'est pour leur donner le moyen de gagner du temps, de retarder autant que possible une union qu'ils désapprouvent, d'amener enfin indirectement l'enfant à la soumission, s'il lui répugne d'intenter une action contre sa famille (1).

2° Concurremment avec les ascendants, le droit d'opposition appartient à l'époux dont le conjoint veut contracter un second mariage. Cette opposition ne peut être fondée que sur cette seule cause, et pour qu'elle triomphe il faut que le mariage invoqué existe civilement, et qu'il n'ait pas été légalement dissous (art. 172 et 194).

3° A défaut de tout ascendant, le droit d'opposition passe au frère et à la sœur, à l'oncle et à la tante, au cousin et à la cousine germaine. Ce droit leur appartient individuellement et concurremment (2); mais ils ne peuvent l'exercer que s'ils sont majeurs, et seulement dans les deux cas suivants :

a) Lorsque le consentement du conseil de famille n'a pas été obtenu (art. 160);

(1) Locré, *Lég*, 4, pag. 501, n° 36, pag. 534, n° 10; MM. Duranton, 2, n°s 191 et 192; Valette, *Sur Proudh.*, 1, pag. 421, note *a*, 2; Demolombe, *Loc. cit*, *B.* — (2) Locré, *Lég.*, 4, p. 358, n° 28.

b) Lorsque l'opposition est fondée sur l'état de démence du futur époux, c'est-à-dire lorsqu'il est en état habituel de démence, de fureur ou d'imbécillité, car le mot *démence* s'applique à ces trois cas (art. 174 et 489). Si le futur demande la mainlevée de l'opposition, celui qui l'a formée ne peut la maintenir qu'à la charge de provoquer l'interdiction du poursuivant, et d'y faire statuer dans le délai qui sera fixé par le jugement (art. 174). Cependant, si la demande en interdiction paraît aux juges complétement dénuée de fondement, ils peuvent la rejeter purement et simplement (1), et il en est ainsi alors même que l'opposition fondée sur la démence aurait été formée par un ascendant (2). La demande en interdiction sera introduite, instruite et jugée conformément au droit commun (art. 492 et suiv.); l'opposant sera, par conséquent, présent ou dûment appelé; on fera comparaître en personne, si faire se peut, le futur époux, et le jugement est toujours susceptible d'appel (3).

Le tuteur ou le curateur pourront également, à défaut d'ascendants, et concurremment avec les collatéraux, former opposition au mariage que le pupille se propose de contracter; mais ils ne peuvent exercer ce droit qu'avec l'autorisation du conseil de famille et dans les deux cas seulement dont nous venons de parler (article 175).

On comprend que le tuteur ou curateur fonde son opposition sur l'absence du consentement du conseil de famille, car le mineur pourrait parvenir à tromper l'offi-

(1) *Eod.*, n° 29; Merlin, *Répert.*, v° Opp. au mar., n° 4, quest. 5, sur l'article 174.— (2) M. Demolombe, 3, n° 141.— (3) Locré, *Lég.*, pag. 454, n° 11.

cier civil sur son âge ou sur l'existence de ce consentement; mais comment concevoir qu'il la puisse motiver sur la démence du pupille? En effet, ou bien le conseil de famille n'a pas consenti au mariage, et alors sa célébration ne pourra pas avoir lieu, ou bien il a consenti, et alors il n'a pas besoin d'autoriser le tuteur ou le curateur à invoquer la démence; il n'a qu'à retirer son consentement. On a imaginé plusieurs hypothèses pour expliquer cette difficulté.

Voici les plus plausibles. Le conseil de famille, doutant des faits invoqués par le tuteur pour prouver la démence du futur époux, ne veut pas retirer son consentement, mais il donne au tuteur l'autorisation de s'opposer à ses risques et périls. On peut supposer encore que c'est le tuteur *ad hoc* dont parle l'art. 159 qui a consenti au mariage, et le conseil de famille autorise le tuteur ordinaire à former opposition (1).

Il faut avouer que la loi a renfermé le droit d'opposition accordé aux collatéraux, au tuteur et au curateur, dans de bien étroites limites. Sans doute on ne devait pas leur laisser la même latitude qu'aux ascendants; mais il fallait au moins leur permettre de se fonder sur tous les empêchements qui peuvent entraîner la nullité du mariage. Le défaut d'âge, l'existence d'un premier mariage ou de la parenté au degré prohibé, ne sont pas plus difficiles à prouver que la démence, et on ne comprend pas pourquoi le législateur n'a pas permis aux collatéraux, etc., de s'en prévaloir. Le droit d'opposition a des avantages et des inconvénients; il fallait

(1) M. Valette, *Sur Proudh.*, 1, p. 422, note *a*.

ne pas négliger les premiers en voulant éviter les seconds (1).

4° Qu'est-ce qui pourra s'opposer au mariage d'un enfant naturel reconnu? Le père ou la mère qui l'a reconnu; cela résulte de l'art. 159, qui oblige l'enfant naturel à demander le consentement de ses père et mère ou à leur signifier des actes respectueux. Que si l'enfant naturel n'a pas été reconnu, ou bien s'il a perdu ses père et mère, c'est le tuteur, autorisé par le conseil de famille, qui s'opposera au mariage (art. 175).

5° Le droit d'opposition n'appartient donc qu'à certaines personnes énumérées par la loi. Les descendants, les neveux et nièces, ne peuvent pas s'opposer au mariage de leurs accendants, de leurs oncles ou tantes, quoiqu'ils puissent provoquer leur interdiction (art. 490). Il en est de même des alliés et de toutes autres personnes qui ne figurent pas dans les art. 172 à 175.

On se demande pourtant s'il ne faut pas accorder un pareil pouvoir au ministère public. Généralement on lui reconnait ce droit lorsqu'il fonde son opposition sur un empêchement dirimant dont il pourrait se prévaloir pour demander la nullité du mariage après sa célébration (articles 184 et 191); mais les arguments sur lesquels on s'appuie ne paraissent pas décisifs. Le ministére public, dit-on, a le droit et, suivant quelques auteurs, le devoir, de demander la nullité du mariage dans certains cas; or, ce droit ou ce devoir emportent pour lui virtuellement la faculté de s'opposer à un pareil mariage, car il est plus conforme à la morale, à l'ordre public, de prévenir un mal que d'avoir à le réparer, *melius est causam*

(1) M. Valette, *Explic. som. du liv. 1 du C. Nap.*, p. 102.

intactam servare, quam vulnerata causa remedium quœrere.—Cette argumentation prouve que la loi aurait bien fait d'accorder au ministère public le droit d'opposition, mais ne prouve pas qu'elle le lui ait effectivement accordée. En effet, de ce que le ministère public peut, dans certains cas, demander la nullité du mariage, on ne peut pas nécessairement conclure qu'il puisse également former opposition; autrement on serait bien obligé d'admettre que toutes les personnes qui ont le droit de demander la nullité du mariage, comme les descendants, les neveux et nièces (art. 184), peuvent également former opposition. Or, cette seconde conséquence étant repoussée, il faut bien aussi repousser la première.

On invoque ensuite l'art. 46 de la loi du 20 avril 1810, ainsi conçu : « *En matière civile, le ministère public agit d'office dans les cas spécifiés par la loi.* Il surveille l'exécution des lois, des arrêts et des jugements. *Il poursuit d'office cette exécution dans les dispositions qui intéressent l'ordre public.* » On s'empare de ce dernier alinéa et on dit qu'en dehors des cas spécifiés par la loi dont parle le premier, le ministère public peut agir toutes les fois qu'une question d'ordre public est en jeu. On anéantit de cette manière le premier alinéa, et on arrive ainsi à dire que le législateur s'est plu à poser un principe précis et formel pour le détruire immédiatement après. Aussi, presque tous les auteurs rejettent cette manière d'entendre l'art. 46 de la loi de 1810, et ne voient dans le dernier alinéa de cet article qu'une redondance du premier (1).

(1) M. Duvergier, *Sur Toullier*, 1, n° 591, note *a*.

Il faut donc admettre que la loi, à tort ou à raison, a défendu au ministère public de s'opposer au mariage ; elle le lui a défendu par cela seul qu'il n'est pas compris parmi les personnes énumérées dans les art. 172 à 175, et qu'aucun autre texte ne lui a accordé ce droit (1).

Mais si le ministère public n'a pas le droit de former une véritable opposition, il est de son devoir de dénoncer officieusement à l'officier de l'état civil l'existence de l'empêchement qui s'oppose à la célébration du mariage. Le même droit appartient à toute personne sans exception. En présence d'un avertissement de cette nature, l'officier de l'état civil est libre de s'arrêter ou de passer outre à la célébration ; mais, dans ce dernier cas, il s'expose, si l'empêchement indiqué existait réellement, à encourir, suivant les cas, des dommages-intérêts, une destitution ou d'autres peines (2).

§ 2. — *De la manière dont l'opposition doit être formée.*

L'opposition est un acte extra-judiciaire dressé par un huissier dans la forme ordinaire des exploits (art. 61 Cod. de proc.), mais la loi exige en outre :

1° Que l'acte d'opposition soit signé sur l'original et sur la copie par les opposants ou par leurs fondés de procuration spéciale et authentique (art. 66). Si la signature manque, l'acte d'opposition doit être considéré comme nul. Il est vrai qu'aucun acte de procédure n'est

(1) Merlin, *Répert.*, v° Oppos., quest. 3 sur l'art. 174 ; Toullier, 1, n°s 591 et 592 ; MM. Ortolan et Ledeau, *Du ministère public*, 1, liv. 2, tit. 1, ch. 4, n° 1 ; Mourlon, *Répét.*, 1, p. 322, note 2. — (2) Art. 156 et 157, C. Nap. ; 194 et 340, C. pén.

frappé de nullité que dans les cas formellement indiqués par la loi (art. 1030 Cod. de proc.), et que l'art. 66 ne prononce pas cette nullité. Cependant la généralité des auteurs pense, avec raison, que la loi a considéré ici la signature comme substantielle. L'opposant qui ne sait pas signer doit charger un mandataire, par acte authentique, de le faire en son nom ;

2° Que l'acte d'opposition contienne, à peine de nullité et d'interdiction pour l'officier ministériel qui l'aurait signifié :

a) L'indication de la qualité que l'opposant prétend avoir pour former opposition ;

b) La mention des motifs sur lesquels l'opposition est fondée, à moins qu'elle ne soit faite à la requête d'un accendant ;

c) L'élection de domicile dans le lieu où le mariage devra être célébré (art. 176).

Cette dernière condition ne donne lieu à aucune difficulté si les publications du mariage indiquent l'endroit où il sera célébré. A défaut de cette indication, l'opposant n'est pas obligé d'élire domicile dans toutes les communes où le mariage peut être célébré (art. 165 et 174); il s'adressera alors au domicile réel de l'époux au mariage duquel il s'oppose ou à son domicile acquis par six mois de résidence, à moins qu'il ne juge plus prudent d'élire domicile partout où la célébration peut avoir lieu, et c'est ce que lui conseillent presque tous les auteurs.

— L'opposition peut être formée jusqu'au dernier moment, car la loi n'a pas fixé de terme passé lequel elle ne serait plus recevable. Elle doit être signifiée : 1° à la personne ou au domicile de chacun des futurs époux; 2° à l'officier de l'état civil de la commune où le mariage sera célébré ou de l'une des communes où les publications ont été faites. Mais si les certificats constatant qu'il n'existe point d'opposition ont été déjà délivrés (art. 66), il faut s'adresser à l'officier qui doit célébrer le mariage. L'officier civil doit mettre son *visa* sur l'original de l'acte d'opposition (art. 66), et s'il s'y refuse l'huissier requerra le *visa* du procureur impérial (art. 1039 Cod. de proc.). Il fera, en outre, sans délai, une mention sommaire des oppositions sur le registre des publications, ainsi que des jugements ou des actes de mainlevée dont l'expédition lui aura été remise (art. 67).

§ 3. — *Des effets juridiques de l'opposition.*

Lorsqu'une opposition est signifiée à l'officier de l'état civil, il doit s'arrêter et ne pas passer outre à la célébration du mariage (art. 68). Remarquons cependant que, malgré la généralité de l'art. 68, il est impossible d'admettre qu'une opposition quelconque puisse avoir cet effet suspensif. La loi a soigneusement déterminé les personnes qui ont le droit de former opposition, ainsi que les motifs sur lesquels elles peuvent se fonder, et la forme d'après laquelle elles doivent agir; or, toutes ces précautions deviendraient inutiles, si l'officier civil était obligé de s'arrêter devant l'opposition du premier venu ou devant l'opposition fondée sur une cause qui n'est pas légale ou formée verbalement, ou par lettre missive. Sans doute cet officier n'est pas juge du bien fondé de l'opposition, mais il faut certainement lui reconnaître le droit de ne pas tenir compte d'un acte contraire à la loi (1).

L'opposition tient le mariage en suspens jusqu'à ce que mainlevée en ait été prononcée par les tribunaux. Que si la mainlevée est volontairement donnée par l'opposant, l'officier civil ne doit pas célébrer le mariage, si cette mainlevée ne fait pas disparaître l'empêchement légal qui a servi de motif à l'opposition. — Le mariage célébré avant que l'opposition ait été levée ne sera pas annulé s'il réunit d'ailleurs toutes les autres conditions nécessaires pour sa validité ; mais l'officier civil se rend passible de 300 fr. d'amende et de tous dommages-intérêts (art. 68).

§ 4. *De la demande en mainlevée de l'opposition.*

L'opposition peut être levée volontairement par l'opposant lui-même, ou bien par la justice.

La mainlevée volontaire peut être donnée soit par-devant notaire (art. 67), soit par exploit d'huissier (art. 66), soit verbalement devant l'officier de l'état civil qui procède à la célébration du mariage.

C'est à l'époux seul contre lequel l'opposition a été dirigée qu'appartient le droit d'en demander la mainlevée aux tribunaux, car tant qu'il n'agit pas lui-même il est censé renoncer à son projet de mariage. Il s'adressera à cet effet, soit au tribunal du lieu où l'opposant a élu ou devait élire domicile, soit au tribunal du domicile ordinaire de l'opposant.

Comme cette demande exige beaucoup de célérité,

(1) M. Duverger, à son cours.

elle est dispensée du préliminaire de conciliation (art. 49, 2°, Cod. de proc.), et le tribunal de première instance ou d'appel doit prononcer ou statuer dans les dix jours (art. 177 et 178), au moins préparatoirement.

Supposons que le tribunal et la Cour impériale rejettent l'opposition, et que l'opposant se pourvoie en cassation : ce pourvoi ne suspend pas en matière civile l'exécution du jugement, aux termes formels de l'art. 18 de la loi du 20 nov. 1790. L'officier civil auquel on apporte la mainlevée de l'opposition prononcée par la Cour impériale sera donc bien obligé de passer outre à la célébration, sans attendre l'arrêt de la Cour de cassation. Il ne pourra, par conséquent, dans aucun cas, être condamné à l'amende ou aux dommages-intérêts (art. 68). Mais si l'arrêt est cassé, le mariage sera-t-il considéré comme non avenu? L'affirmative paraît résulter de la faculté même reconnue à l'opposant de se pourvoir en cassation, car autrement cette faculté devient illusoire. Nous pensons cependant devoir admettre la négative. La nullité du mariage ne peut être prononcée que dans les cas prévus par la loi, et aucun texte n'attribue cet effet à l'arrêt de la cour suprême. D'ailleurs l'opposition, à quelque époque que nous nous placions, et abstraction faite des motifs qui lui servent de fondement, ne peut jamais entraîner la nullité du mariage (1).

L'opposition étant rejetée, les opposants peuvent être condamnés à des dommages-intérêts (art. 1382). Toutefois, cette règle ne s'applique pas aux ascendants, qui sont présumés s'opposer dans l'intérêt même des enfants

(1) M. Demolombe, 3, n°s 169 et 170.

(art. 179); mais les ascendants seront condamnés aux dépens (art. 130 Cod. de proc.), sauf la faculté réservée aux juges de les compenser (art. 131 Cod. de proc.).

Lorsque l'opposition est rejetée pour vice de forme ou de qualité chez l'opposant, les juges sont réputés ne pas en avoir été saisis. Par conséquent, alors même qu'elle aurait été fondée sur un empêchement légal, ils ne peuvent pas intimer à l'officier civil l'ordre de ne pas célébrer le mariage, car ils statueraient *ultra petita* (art. 4, Cod. Nap.; art. 480 Cod. de proc.); mais ils sont libres d'en avertir officieusement cet officier.

La personne dont l'opposition a été repoussée pour vice de forme peut la renouveler dans une forme régulière. Mais si l'opposition a été rejetée comme mal fondée ou pour défaut de qualité de l'opposant, celui-ci ne peut plus la réitérer : les principes généraux sur l'autorité de la chose jugée s'y opposent (1).

CHAPITRE IV.

DES DEMANDES EN NULLITÉ DE MARIAGE.

Ce chapitre est le complément naturel des chapitres I et II. Après avoir étudié quelles sont les conditions et formalités nécessaires pour contracter mariage, il est indispensable d'examiner quelle en est la sanction. Le Code Napoléon ne présente pas, à cet égard, toute la clarté désirable; une foule de cas soulèvent des difficultés dont quelques-unes sont inextricables. Etablissons d'abord certaines règles qui ressortent de l'ensemble des dispositions du Code sur cette matière.

(1) Zach., Aubry et Rau, 4, § 457, notes 12 à 14.

Quel que soit le système qu'on admette sur les nullités en général, presque tous les auteurs reconnaissent qu'en fait de mariage les nullités sont littérales et peuvent être invoquées seulement par les personnes auxquelles le législateur a formellement accordé ce droit.

Pourtant, cette première règle n'est pas absolue : autrement, il faudrait dire que le mariage contracté par un mort civilement, ou par deux personnes du même sexe, est valable ; car la loi n'a nulle part indiqué les personnes qui pourraient demander la nullité d'une pareille union. Aussi la doctrine distingue-t-elle, avec raison, le mariage nul ou non-existant, et le mariage existant, mais annulable. Dans le premier cas, le mariage manque de certaines conditions essentielles, sans lesquelles on ne peut absolument en concevoir l'existence. La loi n'avait pas à s'occuper d'une union complètement dépourvue de toute existence juridique, ni à organiser les moyens de l'attaquer. La nullité en est claire, manifeste ; elle résulte de la nature même des choses ; elle peut être invoquée en tout temps et par toute personne, et, si quelquefois les tribunaux sont appelés à statuer, ils constateront la non-existence du mariage, afin que les particuliers ne se fassent pas justice eux-mêmes.

Il n'en est pas de même d'un mariage annulable. Celui-ci existe réellement ; seulement, il est entaché d'un vice qui pourrait bien l'anéantir. Tandis que le mariage inexistant « est un mariage *mort-né*, le mariage annulable n'est que *malade*, susceptible, à la vérité, de périr, mais susceptible aussi, très-souvent, d'être guéri et sauvé (1). »

(1) M. Demolombe, 3, nº 240.

Ce mariage conserve, par conséquent, toute son efficacité tant que la nullité n'en a pas été prononcée en justice. Cette nullité, en outre, n'est pas perpétuelle, elle peut être couverte; et la loi a limitativement déterminé les personnes qui peuvent l'invoquer.

Le mariage est nul ou inexistant dans les cas suivants : 1° lorsqu'il a eu lieu entre deux individus de même sexe; 2° lorsqu'il y a absence complète de consentement (art. 146 et 1101); 3° lorsqu'il est célébré par toute autre personne que l'officier de l'état civil; 4° lorsqu'il est contracté par une personne privée de la vie civile : ce dernier cas n'existe plus depuis la loi du 30 mai 1854, qui a aboli la mort civile.

Aucun doute ne peut s'élever sur ces points : il y a eu une tentative impuissante de faire un mariage, et la loi n'en tient aucun compte.

Les mariages frappés d'annulabilité, ou, pour parler le langage du Code, de *nullité*, se subdivisent : il y a des nullités absolues et des nullités relatives. Le législateur n'a pas employé ces dénominations; mais il résulte des discussions qui ont eu lieu au conseil d'État (1) qu'il n'a pas entendu les repousser. Aussi, la doctrine les a conservées, parce qu'elles rendent très-claires les distinctions établies par les art. 180 et 182 et par les art. 184 et 191.

Les nullités absolues peuvent être invoquées par toute personne intéressée, et elles ne sont, en général, susceptibles de se couvrir d'aucune manière, sauf l'exception contenue dans l'art. 185. Les nullités relatives, au contraire, ne peuvent être invoquées que par les personnes

(1) Locré, *Lég.*, 4, p. 371 à 374, nos 6 à 8; p. 378, n° 14; p. 406, n° 2.

spécialement indiquées, et elles sont susceptibles d'être couvertes. Nous verrons bientôt les cas où il y a des nullités absolues et des nullités relatives; car nous prendrons cette distinction pour base de nos recherches.

Mais quelle différence y a-t-il entre les nullités absolues et les nullités relatives d'une part, et les mariages nuls ou inexistants et les mariages annulables d'autre part? Est-ce que les mariages nuls et les nullités absolues n'ont pas les mêmes caractères et n'entraînent pas les mêmes conséquences? Pourquoi faire alors des distinctions inutiles? Cependant, cette distinction n'est pas si inutile qu'on pourrait le croire. Le mariage frappé d'une nullité absolue existe légalement tant que sa nullité n'a pas été reconnue en justice; cette nullité ne peut pas être invoquée par toute personne (art. 186 à 196), et quelquefois elle peut se couvrir (art. 185). Le mariage nul, au contraire, est attaquable par tout le monde, et il n'y a aucun moyen de le rendre efficace. Ajoutons, en outre, que c'est en vertu de cette distinction que le mariage de deux personnes de même sexe ou d'un mort civilement pourra être annulé. Si ces sortes d'unions n'étaient pas inexistantes, si on disait seulement qu'elles sont entachées d'une nullité absolue, on devrait, pour être logique, les déclarer valables. Les nullités absolues, en effet, ne peuvent être invoquées que par les personnes auxquelles la loi a expressément accordé ce droit et dans les cas qu'elle a prévus; or, la loi ne s'est nullement occupée à organiser des *demandes en nullité* pour ces sortes d'unions : il faudrait donc les maintenir, si nous ne les réputions pas inexistantes. Remarquons, du reste, que cette distinction n'est pas sans avoir une base dans la loi : elle ressort de la combinaison des art. 146 et 180, et des discussions qui ont eu lieu au Conseil d'État (1).

Nous nous occuperons dans ce chapitre : 1° des nullités relatives; 2° des nullités absolues; 3° des effets de l'annulation du mariage; 4° des mariages putatifs.

SECTION I. — *Des nullités relatives.*

Il y a deux causes qui engendrent les nullités relatives : le vice dont se trouve entaché le consentement des parties contractantes ou de l'une d'elles, et l'absence du consentement des personnes sous l'autorité desquelles les futurs époux sont placés relativement au mariage.

§ 1. *Vice du consentement des parties ou de l'une d'elles.* — Lorsqu'il y a absence complète de consentement provenant, par exemple, de l'ivresse, de la démence, du refus de consentir devant l'officier de l'état civil ou de la non-comparution devant cet officier, le mariage est nul, inexistant. Que si le consentement existe, mais vicié par suite de l'erreur ou de la violence, le mariage est formé, mais il est annulable : c'est le cas prévu par les art. 180 et 181.

Les causes qui vicient le consentement et rendent, par conséquent, le mariage annulable, sont : 1° le défaut de liberté; 2° l'erreur dans la personne (art. 180). — Dans la matière des contrats ordinaires, la loi considère comme vices du consentement : la violence, le dol, l'erreur (art. 1109), et quelquefois la lésion (art. 1118). Faut-il

(1) Zach, Aubry et Rau, 4, § 450, note 3 à 5.

compléter l'art. 180 par les art. 1109 et 1118? Reprenons chacun de ces vices.

1° La *violence*, de quelque manière qu'elle soit exercée, inspire la crainte et ne permet à la volonté de choisir entre deux maux que celui qui lui paraît moindre. Elle ôte, par conséquent, au consentement, ce caractère de spontanéité, de liberté, qu'exige le législateur pour qu'il soit valablement donné, et rend annulables les actes ou le mariage faits sous son empire.

Que la violence soit physique ou morale, le résultat est le même (1). Les juges, du reste, apprécieront si c'est par suite de la violence ou pour un autre motif qu'on a donné son consentement. Les art. 1112 à 1114, quoiqu'ils paraissent étrangers à notre matière, peuvent cependant guider les tribunaux pour déterminer les caractères de la violence ; mais la violation de ces articles ne donne pas lieu à cassation (2).

La violence antérieure ne rend plus le mariage annulable, si elle a cessé d'exister au moment de la célébration. Ainsi, la femme enlevée peut épouser son ravisseur après qu'elle a recouvré sa liberté ; car le rapt ne constitue plus, comme dans l'ancien droit, un empêchement au mariage (3).

2° Le *dol* ou les manœuvres frauduleuses qu'on em-

(1) Locré, *Lég.*, 4, pag. 360 et 361, n° 38 ; pag. 455, n° 15. — (2) Delvincourt, 1, pag. 150 ; Toullier, 1, 455 ; M. Duranton, 2, n°s 47 et suiv. — (3) Poth., *Cont. de mar.*, n° 227 ; Locré, *Lég.*, pag. 312 et 313, art. 4 ; pag. 323 à 327, n°s 13 à 18. — En Angleterre (art. 95), la violence doit être ouverte et exercée au moment du contrat pour qu'elle soit une cause de nullité. En Pologne (loi du 26 juin 1836, art. 131), à Francfort (art. 9-3°), à Wurtemberg (art. 20), l'enlèvement rend le mariage annulable.

ploie pour déterminer une personne à consentir à un acte qui lui est préjudiciable, ne vicie pas par lui-même le consentement, lorsqu'il s'agit du mariage. Il est vrai que le dol peut être une cause de rescision dans les contrats ordinaires (art. 1116) ; mais cette rescision n'est prononcée qu'à titre de dommages-intérêts, parceque c'est là la réparation la plus naturelle qu'on puisse faire à la partie trompée. Or, une pareille réparation ne peut se concevoir lorsqu'il s'agit du mariage ; car quelle indemnité pourrait me donner le tiers qui m'a trompé, et comment apprécier le préjudice qu'il m'a causé ? Tous dommages-intérêts sont donc impossibles, et le dol, qui ne produit quelquefois la nullité qu'à ce titre, ne peut par conséquent pas être considéré comme une cause de nullité du mariage. Cependant, lorsqu'il y a erreur dans la personne, le dol peut être tel que les juges annuleront un mariage qu'ils auraient autrement considéré comme valable (1),

3° La *lésion* ne donne lieu à la rescision des contrats que dans certains cas limitativement déterminés et lorsqu'il s'agit d'intérêts pécuniaires (art. 1118). Quelquefois elle peut entraîner aussi la rescision des conventions matrimoniales (art. 1309). Mais, en fait de mariage, elle se confond avec l'erreur.

La *séduction* ne détruit pas la liberté du consentement. Son action se porte principalement sur la sensibilité ; elle laisse la volonté libre dans ses déterminations. La séduction d'ailleurs se confond le plupart du temps

(1) M. Valette, *Explic. som. du liv. 1 du C. Nap.*, pag. 106.—Il paraît qu'en Angleterre le dol est une cause de nullité (art. 121).

avec le dol, et le dol ne rend pas le mariage annulable (1).

4° *L'erreur*, dans les contrats ordinaires, entraîne soit une nullité absolue lorsqu'elle porte sur la nature du contrat ou sur son objet, soit une nullité relative lorsqu'elle porte sur la substance de la chose, ou lorsque la considération de la personne a été la cause déterminante de la convention (art. 1109, 1110). En fait de mariage l'erreur ne produit qu'une nullité relative. Mais toute espèce d'erreur n'a pas et ne devait pas avoir un pareil résultat; aussi l'art. 180 nous dit que c'est seulement *l'erreur dans la personne* qui rend le mariage annulable. Le vague de cette expression a donné naissance à des difficultés. Dans quels cas y a-t-il erreur dans la personne? La loi entend-elle parler et de l'erreur sur la personne physique et de l'erreur sur les qualités? Et si on admet l'affirmative, quelles sont ces qualités, et quelles sont les limites où il faudrait s'arrêter?

On a prétendu que l'art. 180 s'occupe uniquement de l'erreur portant sur l'individu même, sur son identité, et que l'erreur sur les qualités n'est pas une cause d'annulabilité. Cette opinion est universellement rejetée. Restreindre, en effet, l'application de l'art. 180 à cette seule hypothèse, c'est le rendre inutile, car il est à peu près impossible d'imaginer aujourd'hui qu'une personne autre que celle que je voulais épouser se présente devant l'officier civil sans que je m'en aperçoive. La défense faite aux parties de se marier par procureur, les nombreuses

(1) MM. Duranton, 2, n° 54; Zach., Aubry et Rau, 4, § 462, note 3; Demolombe, 3, n° 250.—Il en est autrement à Francfort (art. 9-3°), à Wurtemberg (art. 20) et en Pologne (*Loc. cit.*).

formalités dont la célébration du mariage est entourée, rendent chimérique la crainte d'une pareille surprise. Le tribunal de cassation avait proposé, lors de la rédaction de l'art. 180, de substitner les mots : « erreur sur *l'individu* », aux mots : « erreur sur la personne. » Cette substitution, qui aurait tranché la question, n'a pas été admise; le législateur a donc réjeté l'opinion qu'on nous propose. Son intention ressort également de l'art. 181, qui accorde à l'époux trompé six mois pour agir après avoir reconnu son erreur; évidemment, si la loi n'avait en vue que l'erreur sur la personne physique, elle n'aurait jamais accordé un aussi long délai.

Dans une autre opinion tout à fait opposée, on soutient que l'art. 180 s'occupe simplement de l'erreur portant sur les qualités, et que l'erreur sur la personne physique est régie par l'art. 146. Dans ce dernier cas, en effet, non-seulement la volonté erre, mais elle n'existe pas; ce n'est pas la personne qui s'est présentée devant l'officier civil qu'on a entendu épouser, mais une autre : donc le consentement n'est pas seulement vicié, mais il fait complétement défaut; il faut appliquer par conséquent l'art. 146, et non l'art. 180. Philosophiquement, cette distinction est irréprochable, mais nous ne pouvons pas l'admettre, car il a été formellement déclaré au Conseil d'Etat que les art. 180 et 181 s'appliquent et quand il y a erreur sur la personne physique et quand il y a erreur sur les qualités (1).

Mais quelles sont les qualités en l'absence desquelles le mariage peut être annulé? Le législateur ne s'est

(1) Fenet., 9, pag. 43 et 85.

point expliqué sur ce point capital; de là des doutes, des hésitations dans la doctrine et la jurisprudence. On est cependant parvenu à donner deux formules qui paraissent les plus conformes à la pensée de la loi : l'erreur rend le mariage annulable lorsqu'elle porte : 1° sur la personne civile; 2° sur les qualités substantielles de la personne.

Il y a erreur sur la personne civile lorsqu'on s'est trompé sur l'ensemble des qualités qui individualisent chacun de nous dans la société. Ainsi, un homme se donne un nom et un état qui ne sont pas les siens ou qui sont imaginaires, et la femme trompée consent à l'épouser. Il n'y a pas là erreur sur la personne physique, mais sur l'ensemble des qualités civiles, et cette substitution d'une personne civile à une autre suffit pour rendre le mariage annulable (1). Mais si l'erreur porte sur la nationalité de la personne ou sur son état d'enfant naturel ou légitime, etc., le mariage n'en sera pas moins valable, car les qualités d'étranger et d'enfant naturel ne font pas qu'on n'ait la même personnalité civile (2).

Les qualités substantielles sont celles « qui rendent l'individu habile au mariage et qui en font une personne mariable (3) ». Mais ici les difficultés recommencent, car il n'est pas facile de déterminer le point précis où s'arrêtent les qualités substantielles et où commencent les qualités non substantielles. Envisageons plusieurs hypothèses.

Une femme épouse un ci-devant moine profès, ignorant qu'il était engagé par des vœux religieux. Il y a de sa part

(1) Proudhon, 1, page 393; Toullier, 1, nos 521, 522; M. Duranton, 2, nos 60 à 64; M. Bugnet, sur Poth., *Contr. de mar.*, note sous le n° 310. — (2) Zach., Aubry et Rau, 4, § 462, note 10. — (3) Demante, 1, n° 262 *bis*, 3.

erreur sur les qualités substantielles, car ce moine est incapable d'accomplir le but nâturel du mariage (1). Il en est de même de la femme qui a épousé par erreur un forçat libéré. Cette femme s'est mariée avec un homme dont la personnalité est mutilée par suite des incapacités dont il est frappé; elle s'est trompée sur ses qualités substantielles (2).

Faut-il en dire autant de celle qui épouse, sans le savoir, un impuissant? Oui, lorsque l'impuissance, naturelle ou accidentelle, est extérieure et apparente, car il y a là evidemment absence d'une condition indispensable pour que la personne soit mariable. Mais si l'imperfection des organes n'est pas manifeste, on doit admettre la solution contraire, car les épreuves auxquelles il faudrait se livrer pour la constater sont toujours humiliantes et scandaleuses (3).

Supposons que j'ai épousé une femme que je croyais noble, et qui ne l'est pas; une femme que j'ai cru honnête, et qui est complétement corrompue; une femme pauvre, au lieu d'une femme riche, etc.; mon erreur peut-elle, dans ces cas et d'autres semblables, être une cause de nullité du mariage? Evidemment non. Ces sortes d'erreurs ne sont pas substantielles, et ne détruisent ni n'amoindrissent la personnalité civile: ce sont des erreurs sur des qualités accessoires et extérieures, qui ne peuvent dès lors nuire en rien à la validité du mariage.

(1) Poth., *Contr. de mar.*, n.° 108; Delvincourt, 1, p. 151; M. Duranton, 2, n° 66. — (2) M. Labbé, *Journal du Palais*, 1860, p. 241 et 242; M. Duranton. 2, n° 62; Dalloz, *Jus gent.*, v° Mariage, pag. 10, n° 11. — (3) Poth., *Op. cit.*, n°s 96 à 98 et 445; Demante, 1, n°s 225 *bis*, 4, et 262 *bis*: M. Valette, *Sur Proudh.*, 1, p. 395, note *a*.

S'il en était autrement, le mariage serait livré à toutes les incertitudes, à toutes les passions qui agitent le cœur humain.

Ces exemples nous font voir ce qu'il faut entendre, en cette matière, par des qualités substantielles et non substantielles. Les premières résident dans la personne ellemême, sont tirées, pour ainsi dire, de son propre fonds; les secondes, au contraire, sont prises en dehors de l'individu, et ne constituent pas, par conséquent, l'erreur exigée par l'art. 180 pour que le mariage devienne annulable. Il y a là des questions de fait laissées à l'appréciation des juges (1), questions extrêmement délicates, pour la solution desquelles ils ont besoin d'une grande prudence et d'une connaissance approfondie de la position respective des époux (2).

Remarquons, en terminant, que les événements postérieurs au mariage qui auraient pour résultat la perte d'une des qualités, même substantielles, que l'époux possédait au moment où il s'est marié, ne portent aucune atteinte à la validité du contrat. Tous les auteurs sont d'accord sur ce point, et telle a été aussi la pensée du législateur (3). Lors donc que l'un des époux, ayant la possession d'état d'enfant de tels parents, est reconnu, après la célébration du mariage, appartenir à une autre famille, où bien lorsqu'il devient impuissant après coup, le mariage continuera d'être valable.

—La loi déclare à deux reprises différentes (art. 180) que l'action en nullité fondée sur le défaut de liberté

(1) Locré, *Lég.*, 4, pag. 440. — (2) MM. Valette, *Sur Proudh.*, *Loc. cit.*; Demolombe, 3, nº 253; Marcadé, sur l'art. 180. — (3) Locré, *Lég.*, 4, p. 441.

et sur l'erreur n'appartient qu'à l'époux dont le consentement a été vicié : c'est donc une action exclusivement personnelle. Toutefois, on propose de faire une distinction quant aux héritiers de l'époux trompé ou violenté : on leur refuse le droit de demander la nullité du mariage lorsque leur auteur est mort sans l'avoir poursuivie ; mais on leur reconnaît ce droit dans le cas contraire. Cette distinction, fondée sur la maxime romaine *omnes actiones quæ tempore aut morte pereunt, semel inclusæ judicio, salva permanent* (L. 139, D., *De reg. jur.*), ne peut pas se soutenir en présence des termes absolus de l'art. 180 (1).

Lorsque l'époux dont le consentement a été vicié est mineur, il pourra, avec l'assistance du curateur (art. 476, 482), demander la nullité du mariage. Le législateur a rejeté la proposition qui lui a été faite de n'accorder ce droit qu'à l'époux majeur (2).

— Cette nullité relative peut se couvrir : 1° par la ratification tacite ; 2° par la ratification expresse ; 3° par la prescription.

La ratification tacite résulte de la cohabitation continuée pendant six mois, depuis que l'époux a acquis sa pleine liberté, ou que l'erreur a été par lui reconnue (art. 181). La loi s'occupant spécialement de la cohabitation et indiquant les caractères qu'elle doit avoir, nous pensons que son intention a été d'écarter tous les autres faits, plus ou moins douteux, desquels on aurait pu induire une ratification tacite. Aussi, nous ne verrions pas une ratification dans la circonstance de la grossesse de la

(1) Marcadé, 1, n° 642. — (2) Locré, 4, p. 412, nos 6 et 7.

femme, s'il n'y a pas eu la cohabitation continue dont parle l'art. 180 (1).

L'art. 181 ne mentionne que la ratification tacite : faut-il en conclure que la nullité ne pourrait pas se couvrir par une ratification expresse ? On l'a soutenu, en se fondant sur le silence de la loi et sur les dangers qu'il y aurait à admettre la ratification expresse, qui est l'œuvre d'un moment et n'est pas soumise à l'épreuve du temps. Nous préférons cependant l'opinion contraire. Si le législateur ne s'est expliqué que sur la ratification tacite, c'est parce qu'il voulait déterminer le seul fait sur lequel elle peut se fonder ; mais il n'a pas entendu repousser la ratification la plus manifeste, la ratification expresse. Vous craignez qu'elle ne soit donnée sous l'empire des mêmes causes qui ont vicié le consentement ; mais cette objection n'a aucune force, car les juges doivent précisément examiner si cette ratification a été consentie après la cessation de toute violence et la découverte de l'erreur (2).

A défaut de toute ratification, l'action en nullité se prescrit comme toute action civile que la loi n'a pas déclarée imprescriptible. Cette prescription ne s'accomplira pas par trente ans (art. 2262), mais par dix ans, conformément à l'art. 1304. Sans doute l'art. 1304 s'occupe des contrats ordinaires, des contrats *d'argent*, comme dit Marcadé ; mais cela n'empêche pas qu'il n'y ait mêmes motifs de l'appliquer au mariage, par préférence à l'art. 2262. Les difficultés que soulève la

(1) Locré, 4, p. 359, n° 37, p. 415, n° 12.— (2) MM. Valette, *Sur Proudh.*, p. 433, note *a*, 1 ; Demolombe, 3, n° 264.

recherche des faits qui ont vicié le consentement deviennent, pour les contrats ordinaires comme pour le mariage, presque insurmontables après un laps de dix ans. Remarquons cependant que c'est l'action en nullité seulement qui se prescrit par dix ans, et que l'exception dure perpétuellement, conformément au principe admis par la majorité des interprètes, *quæ temporalia sunt ad agendum, perpetua sunt ad excipiendum* (1). Par conséquent, l'épouse trompée ou violentée qui, vivant continuellement séparée de son mari, a gardé le silence pendant dix ans, ne peut plus demander la nullité de son mariage; mais son mari ne pourra non plus exiger qu'elle vienne habiter avec lui, car elle repoussera sa prétention à l'aide de l'exception de nullité.

§ 2. *Absence du consentement des personnes sous l'autorité desquelles les époux se trouvaient relativement au mariage.* — Le mariage est frappé d'une nullité relative lorsque le consentement des père et mère, des ascendants ou du conseil de famille, n'a pas été obtenu (art. 182). Par conséquent, s'il y a seulement défaut d'actes respectueux, le mariage demeure parfaitement valable, sauf les peines que peut encourir l'officier de l'état civil (art. 157).

L'action en nullité, fondée sur cette cause, n'appartient qu'à deux classes de personnes :

1° A celui des deux époux qui avait besoin du consentement des parents et qui ne l'a pas obtenu, car il a

(1) Merlin, *Répert.*, 17, v° Pres., sect. 2 § 25; MM. Troplong, *Des Prescript.*, 2, n°s 827 et 828; Demolombe, 3, n°s 268, 269; Duverger, à son cours, et Demangeat, aux conf. de 1860-61, sur l'art. 1304.

été privé d'une protection que le législateur a jugée indispensable, et on peut dire qu'il a été séduit (1) : d'ailleurs, la loi permet en général aux incapables de se prévaloir eux-mêmes de leur incapacité (art. 225, 1125) ;

2° A ceux dont le consentement était requis (art. 182). C'est donc aux père et mère, aux ascendants ou au conseil de famille seulement, que l'action en nullité appartient; leurs héritiers, quels qu'ils soient, ne peuvent jamais l'exercer.

La loi défère l'action en nullité aux père et mère, car tous les deux ont le droit de consentir au mariage (article 148). Lors donc que le père se trouvera dans l'impossibilité de manifester sa volonté, la mère pourra, s'il est encore temps, exercer l'action en nullité (art. 149); mais elle n'en a pas le droit si le père, capable d'agir, garde le silence ou ratifie expressément le mariage, car il y a alors dissentiment entre eux, et, dans ce cas, le consentement du père suffit (art. 149 et 183).

Lorsque le père se trouve, au moment du mariage, incapable de consentir, l'enfant doit s'adresser, soit à la mère (art. 149), soit aux ascendants (art. 150), soit au conseil de famille (art. 160). Que s'il se marie sans requérir leur consentement, la mère, les ascendants ou le conseil de famille, l'un au défaut de l'autre, ont le droit d'attaquer le mariage, car à eux seuls appartenait le droit de consentir au moment où il a été contracté. Le père, rentrant dans l'exercice de ses droits avant que l'action

(1) Poth., *Contr. de mar.*, n° 446; Locré, *Lég.*, 4, p. 323, n°s 13 et 14; p. 416, n° 13.

en nullité ait été intentée ou prescrite, sera-t-il réintégré également dans l'exercice de cette action, à l'exclusion de toute autre personne? Nous le croyons. Il est vrai que l'article 182 n'accorde l'action en nullité qu'à ceux dont le consentement était nécessaire au moment du mariage, et nous supposons que le père n'a pas pu consentir à cette époque. Mais ceux qui le remplacent durant son incapacité n'ont l'exercice de ses droits paternels que provisoirement, et ne les exercent, pour ainsi dire, qu'en son nom : ce sont ses représentants légaux. Aussitôt que le père recouvre sa capacité, ils doivent lui remettre toutes les actions qu'ils ont acquises par suit de leurs pouvoirs : ce sera donc à lui qu'appartiendra dorénavant le droit, soit de ratifier le mariage, soit d'en demander l'annulation (1).

A défaut de père et mère, le droit de consentir passe aux ascendants (art. 150) ; mais les aïeules ne peuvent intenter l'action en nullité qu'avec le concours des aïeuls de la même ligne, à moins que ces derniers ne se trouvent dans l'impossibilité de manifester leur volonté (Cbn. art. 150 et 183). S'il y a des aïeux dans les deux lignes, l'action en nullité leur compète à tous, sauf le droit pour chaque ligne d'empêcher l'autre d'agir en ratifiant le mariage (art. 150).

Mais supposons que la ratification intervienne après que la demande en nullité a été portée en première instance ou en appel : cette ratification tardive empêchera-t-elle la demande de suivre son cours? Rigoureusement, il faudrait admettre la négative pour se conformer aux

(1) M. Demolombe, 3, n° 273.

principes et à la lettre de l'art. 183. Nous préférons cependant l'opinion contraire. Lorsque l'aïeul vient devant la justice pour dire qu'il approuve le mariage, la demande en nullité n'a, pour ainsi dire, plus d'objet, car elle était fondée justement sur le défaut de consentement de cet aïeul. Comment les juges prononceraient-ils la nullité d'un mariage qui se trouve actuellement valable, et que les parties pourraient, du reste, contracter de nouveau immédiatement après son annulation? Cette question peut également se présenter lorsque l'époux lui-même demande la nullité du mariage; il faut, pour les mêmes motifs, la résoudre de la même manière (1).

Lorsque le mariage a été contracté sans le consentement du conseil de famille (art. 160), le droit d'en demander la nullité appartient à l'être collectif appelé conseil de famille, et non à chacun des membres qui le composent. Le conseil se réunira donc pour charger, soit le tuteur, soit l'un de ses membres, d'intenter en son nom l'action en nullité (2).

Cette action appartient aux ascendants ou au conseil de famille dans l'ordre successif que nous avons suivi. Elle n'est pas transmissible d'un parent à un autre. Lors donc qu'un aïeul dont le consentement était nécessaire meurt, personne autre ne pourra demander la nullité du mariage : les termes de l'art. 182 sont, il nous semble, assez formels pour faire écarter toute interprétation contraire (3).

(1) MM. Duranton, 2, n° 291 ; Demolombe. 3, 275 ; Zach , Aubry et Rau , 4, § 462, note 44. — (2) Locré, *Lég.*, 4, p. 416, n° 13. — (3) M. Demolombe, 3, n° 280.

— Toutes ces règles s'appliquent également aux enfants naturels reconnus. Mais que décider si les père et mère de ces enfants sont dans l'impossibilité de manifester leur volonté, ou bien s'il s'agit d'un enfant naturel non reconnu qui se marie sans le consentement du tuteur *ad hoc?* Le mariage pourra-t-il être attaqué par ce tuteur, ou par le mineur qui n'a pas été protégé? Nous pensons que l'enfant seul a ce droit. Pour le refuser au tuteur, nous ne pouvons pas nous fonder sur la circonstance que l'art. 182 n'en parle pas, car cet article, qui se réfère aux art. 159 et 160, déclare le mariage annulable pour défaut de consentement du conseil de famille; or, le tuteur *ad hoc*, qui n'en est que le mandataire, est sous-entendu dans toutes les dispositions où la loi parle de ce conseil (1). C'est probablement par ce motif que le législateur a écarté comme inutile un amendement qui proposait d'ajouter à l'art. 182 les mots « *du tuteur ou du curateur* (2). » Il faut donc chercher d'autres raisons pour denier le droit d'agir au tuteur *ad hoc*. Les voici : Ce tuteur, comme son nom l'indique, est nommé pour une affaire déterminée, pour consentir au mariage (art. 159); or, du moment que le mariage a été célébré, avec ou sans son consentement, il n'existe plus légalement; il faudrait donc renouveler son mandat pour le rendre capable d'agir en nullité, ce à quoi s'opposent les art. 160 et 182. Que si aucun tuteur n'a été nommé, il est plus clair encore qu'il n'en peut pas être nommé après coup pour attaquer le mariage (160 et 182). Mais le mineur lui-même aura certainement ce droit. Ce mineur a un conseil de

(1) Marcadé, 1, n° 650. — (2) Locré, p. 455, n° 17.

famille (art. 409), et le mariage qui a été contracté sans le consentement de ce conseil est annulable (art. 182). Sans doute l'enfant naturel doit obtenir le consentement d'un tuteur *ad hoc*, et non de son conseil (art. 159); mais en définitive qu'est-ce que ce tuteur, sinon le conseil lui-même, car il en est le représentant (1)?

— Le mariage frappé de cette nullité relative peut être ratifié : 1° par les personnes dont le consentement était nécessaire; 2° par l'époux qui n'avait pas l'âge voulu pour se marier de lui-même.

Les personnes dont le consentement était nécessaire, ou, pour parler plus brièvement, les parents, ratifiant le mariage, éteignent l'action en nullité à l'égard de tout le monde (art. 183). La ratification des parents peut être expresse ou tacite; elle peut résulter d'un acte public ou privé, ou d'une manière d'agir des parents telle qu'il ne reste plus de doute sur leur intention d'approuver le mariage. L'art. 183 nous donne un exemple de ratification tacite : c'est lorsque les parents ont laissé s'écouler une année sans réclamation depuis qu'ils ont eu connaissance du mariage.

La majorité ou la mort de l'époux qui s'est marié sans le consentement de ses parents n'anéantit pas l'action en nullité qui appartient à ces derniers, s'ils se trouvent encore dans les délais utiles pour agir. Nous ne trouvons rien dans la loi qui nous autorise à donner une décision contraire, au moins pour les ascendants; mais quant au conseil de famille, son action s'éteint nécessairement

(1) MM. Duranton, 2, n° 294; Valette, *Sur Proudh.*, 1, p. 434, note *a*; Marcadé, *Loc. cit.*; Demolombe, 3, n° 278.

avec la mort ou la majorité de l'enfant, car le conseil de famille cesse alors d'exister (1).

L'époux lui-même peut ratifier le mariage contracté sans l'approbation de sa famille; mais cette ratification a un effet purement relatif : elle est opposable seulement à l'époux qui l'a donnée, et laisse intacte l'action des ascendants. Cela résulte manifestement de la comparaison de la première et de la seconde partie de l'article 183.

Pour que l'époux puisse donner une ratification valable, il faut qu'il soit parvenu à l'âge où il serait capable de *consentir par lui-même au mariage* (art. 183). Si, à partir de cet âge, l'époux demeure une année sans demander la nullité, son action est éteinte, sans qu'on ait à s'inquiéter s'il y a eu ou non cohabitation dans cet intervalle (cpr. les art. 181 et 183). C'est le seul exemple de ratification tacite indiqué par la loi, et nous ne croyons pas pouvoir en admettre d'autres (2). Mais l'époux devenu majeur pourra ratifier expressément son mariage avant que le délai d'un an soit expiré. Il le pouvait dans l'ancien droit (3), et le silence de l'art. 183 ne suffit pas pour écarter ce moyen ordinaire de confirmation. Remarquons que l'époux qui, à l'aide de manœuvres frauduleuses, a pu convaincre son conjoint qu'il n'avait pas besoin du consentement de ses parents, perd le droit d'agir en nullité (art. 1307); les parents seuls conservent alors ce droit (4).

Ici se présente une question délicate. On se demande

(1) Zach., Aubry et Rau, 4, § 462, note 55 et 56. — (2) M. Demolombe, 3, n° 288. — (3) Poth., *Op. cit.*, n° 447. — (4) Zach., Aubry et Rau, *Loc. cit.*, note 62.

si l'époux, exposé à voir son mariage annullé, pourrait le ratifier en se mariant une seconde fois avec la même personne. Cette espèce de ratification présente des avantages qu'aucune autre ne peut avoir. Ainsi, supposons qu'un enfant mineur de vingt-cinq ans s'est marié sans le consentement de son père et de sa mère ; à l'âge de vingt et un ans, il n'a plus ni père ni mère, mais il lui reste un aïeul : il n'est donc pas encore capable de consentir par lui-même au mariage, ni par conséquent de le ratifier (art. 183) ; son aïeul ne le peut pas davantage, car, l'action en nullité n'étant pas transmissible d'un parent à un autre, il lui est impossible de renoncer à un droit qu'il n'a pas (art. 148 et 182). Il faudra donc que l'enfant attende quatre années encore pour faire disparaître la nullité dont son mariage est entaché. D'autres fois ce délai peut se prolonger indéfinement. Par exemple, les parents qui devaient consentir au mariage vivent encore, mais ils ne découvrent l'action en nullité qui leur appartient qu'à une époque où l'enfant a atteint l'âge de trente ou quarante ans ; ils pourront, pendant une année, demander l'annulation du mariage, nonobstant toute ratification de la part de l'époux (art. 183). Le danger est plus grand encore s'il s'agit d'un de ces vices de célébration qui frappent le mariage d'une nullité perpétuelle et qui donnent à toute personne intéressée le droit de l'attaquer (art. 191).

Le seul moyen pour les époux de sortir d'une situation aussi précaire serait de se marier de nouveau. Le peuvent-ils ? Nous le croyons. Cela se pratiquait dans l'ancien droit (1), et il n'y a rien dans le Code Napoléon qui

(1) Poth., *Op. cit.*, n° 362 ; Déclarat. du 15 juin 1697.

s'y oppose. L'art. 147 ne peut pas être invoqué contre nous, car il s'occupe de la bigamie, et non, comme nous le supposons, du mariage qui aurait lieu entre les mêmes personnes. Sans doute cette célébration pourra donner naissance à des difficultés pratiques, l'officier civil pourrait se refuser à y procéder; mais les tribunaux jugeront la question et lèveront tous les obstacles.

Remarquons, du reste, que le nouveau mariage ne saurait en aucune façon nuire aux tiers intéressés, qui conservent toujours le droit d'invoquer et de demander la nullité du premier mariage (1).

—L'annulation du mariage pour défaut du consentement des parents nous paraît être une sanction qui va plus loin que le but qu'on a voulu atteindre. Le législateur s'est, en effet, proposé de punir les enfants qui se marient sans obtenir l'approbation de leur famille; mais, pour atteindre ce but légitime, fallait-il recourir à des moyens aussi énergiques? L'annulation du mariage est extrêmement grave, et il est du devoir du législateur de l'éviter toutes les fois qu'il peut le faire sans danger; or, il nous semble évident que l'autorité domestique ne serait en rien amoindrie si on laissait subsister le mariage, et si on frappait l'enfant coupable seulement d'une amende, d'un emprisonnement, d'une exhérédation ou de toute autre peine. On éviterait ainsi de produire un second mal, beaucoup plus grand que le premier, et on ne compromettrait pas l'avenir de l'époux innocent.

Nous croyons donc que les législations étrangères qui ne prononcent pas cette peine exhorbitante sont plus

(1) M. Demolombe, 3, n° 286.

rationnelles que la loi française. D'après le droit commun allemand, le défaut de consentement des parents n'est pas une cause de nullité du mariage; mais les parents ont alors le droit de déshériter l'enfant (art. 90). Il en est de même en Portugal (art. 139), à la Louisiane (art. 114) et en Sardaigne (art. 109 et 110). Mais le Code Sarde réserve avec raison aux enfants le droit de prouver devant le Sénat que le refus des ascendants est dénué de tout fondement; cette justification étant faite, ils sont relevés de toute peine (art. 112).

En Angleterre également on reconnaît la validité du mariage; seulement, s'il est contracté nonobstant l'opposition de ceux dont le consentement était nécessaire, il est radicalement nul (art. 122).—L'opposition aggrave certainement la faute de l'enfant; mais si la première faute n'entraîne pas la nullité du mariage, nous ne voyons pas pourquoi cette seconde faute, beaucoup moins grave, aurait un pareil résultat.

Le même principe est consacré en Bavière, à moins qu'il n'y ait eu mésalliance, cas auquel le mariage est nul. Le fils perdra sa dot et la fille ne pourra succéder qu'à la moitié de ce qu'elle aurait eu si elle s'était mariée avec le consentement de ses parents (art. 4). En Pologne aussi les parents ne peuvent, pour cette cause, réduire la part légitime des enfants qu'à la moitié (loi du 25 juin 1836, art. 19).

A Vénézuela le mineur de vingt-cinq ans et la mineure de vingt et un ans qui se marient sans obtenir le consentement de leurs père et mère peuvent être déshérités d'une partie ou de la totalité de leur légitime, selon qu'ils sont majeurs ou mineurs de vingt et un ans ou de dix-huit ans, ou bien ils seront condamnés à un emprisonnement de trois ou six mois ou d'un an (art. 18 et 21). Que s'ils n'ont ni père ni mère et qu'ils se marient sans l'approbation des ascendants ou du curateur, ils pourront être condamnés à une amende, s'ils ont des biens, ou, dans le cas contraire, à un emprisonnement de quinze jours à trois mois (art. 19 et 20).

SECTION II. — *Des nullités absolues.*

Nous examinerons trois points principaux : dans quels cas ces nullités existent ; par quelles personnes peuvent-elles être invoquées ? sont-elles quelquefois susceptibles d'être couvertes ?

§ 1. *Dans quel cas existent les nullités absolues.* — Les art. 184 et 191 énumèrenl cinq cas de nullités absolues : 1° L'impuberté (art. 144) : nous verrons que ce cas est régi par certaines règles qui lui sont propres ; 2° l'existence d'un premier mariage (art. 147) ; 3° la parenté ou l'alliance aux degrés prohibés par les art. 161 à 163 ; 4° le défaut de publicité de la célébration du mariage, et enfin, 5° l'incompétence de l'officier de l'état civil (art. 191).

La loi, dans l'intérêt de la société, des familles et des époux eux-mêmes, désire que le mariage soit entouré d'une grande publicité, dont les principaux éléments sont : les deux publications, lacélébration à la mairie, et non ailleurs, l'admission du public, la présence de quatre témoins. Si tous ces éléments manquent, le mariage n'est pas seulement frappé d'une nullité absolue, mais il est nul, il est inexistant. Mais quel sera le résultat lorsqu'une seule ou plusieurs de ces formalités n'ont pas été observées?

Il est d'abord presque universellement reconnu que l'absence des publications ne peut pas, à elle seule, entraîner la nullité du mariage. Cela résulte manifestement des discussions qui ont eu lieu au Conseil d'État et au Tribunat, ainsi que de la combinaison des art. 191 à 193 et 165, qui s'occupent des formalités qui accompagnent le mariage, et non de celles qui l'ont précédé. Du reste, la loi prescrit une sanction particulière pour le défaut de publications : c'est une amende contre l'officier civil, dont le maximum est fixé à 300 fr., et une amende contre les parties contractantes ou les personnes sous l'autorité desquelles elles se trouvaient, amende qui sera proportionnée à leur fortune (art. 192) (1).

Mais l'inobservation des autres formalités qui constituent la publicité peut entraîner la nullité du mariage (art. 193). La loi a très-bien fait de donner, à cet égard, un pouvoir discrétionnaire aux juges : eux seuls sont capables d'examiner en fait jusqu'à quel point le principe de la publicité a été méconnu par suite des atteintes portées à la loi. Ces atteintes sont si complexes, les inconvénients qui en résultent si variés et quelquefois si insignifiants, que le législateur se serait exposé à agir en aveugle s'il eût prononcé la nullité dans tous les cas, au lieu de déférer aux tribunaux le pouvoir de la prononcer selon les circonstances.

Le mariage ne pourra donc pas être annulé s'il a été publiquement célébré, et alors même qu'il serait tenu se-

(1) Zch., Aubry et Rau, 4, § 467, note 6.

cret, qu'il ne serait pas porté à la connaissance de la société. Dans l'ancien droit, où l'on craignait beaucoup les mésalliances, ces mariages secrets étaient privés des effets civils (1). Il n'en est plus de même aujourd'hui : ces mariages sont parfaitement valables, si, bien entendu, ils réunissent toutes les conditions nécessaires (2). Remarquons cependant qu'un mariage soigneusement caché à tout le monde ne saurait être opposable aux tiers qui, à cause de l'ignorance où on les a laissés, ont passé avec l'un ou l'autre des époux quelque contrat que l'existence du mariage rendrait inutile ou désavantageux (article 1382).

Lorsque le mariage a été célébré devant un officier civil incompétent, les juges ont-ils, comme dans le cas du défaut de publicité, un pouvoir discrétionnaire pour décider s'il y a là, selon les cas, une cause suffisante d'annulation? On pourrait dire pour la négative que le pouvoir discrétionnaire des juges se conçoit lorsqu'il s'agit de la publicité, qui est composée d'éléments susceptibles de plus ou de moins, mais qu'il ne se conçoit plus lorsqu'il s'agit de la compétence, car il y a là un fait unique, qui n'admet pas de degrés : l'officier est ou n'est pas compétent ; les juges n'ont à choisir qu'entre ces deux partis. Cependant l'affirmative est préférable. La question de la compétence soulève des difficultés sur le point de savoir devant quel officier civil le mariage doit être célébré : c'est aux tribunaux à examiner si la violation de ces règles est assez grave pour entraîner l'annulation.

(1) Poth., *Op. cit.*, nos 426 et 427. — (2) Locré, *Lég.*, 4, p. 503, n° 38, p. 556, n° 12.

L'art. 193 ne laisse plus aucun doute à cet égard, car il renvoie à l'art. 165, et cet article est justement relatif à la publicité et à la compétence.

Ne confondons pas l'incompétence avec l'absence de tout officier civil, ou avec la célébration qui a eu lieu devant un tout autre officier que celui de l'état civil : dans ces derniers cas le mariage n'est pas annulable, mais il est nul, inexistant, comme dans le cas où il y a absence complète de toute publicité.

§ 2. *Par quelles personnes ces nullités peuvent être invoquées.* — Elles peuvent l'être : 1° par les époux eux-mêmes ; 2° par ceux qui sont moralement ou pécuniairement intéressés à le faire ; 3° par le ministère public (art. 184).

Les époux donc, l'époux coupable comme l'époux innocent, ont le droit de demander la nullité du mariage : les termes des art. 184 et 191 sont généraux et ne font aucune distinction (1). La loi a pensé qu'il ne fallait pas appliquer à ces unions, qui blessent l'ordre public et les bonnes mœurs, la maxime *nemo auditur propriam turpitudinem allegans.*

Les personnes moralement intéressées à invoquer cette nullité sont : 1° l'époux au préjudice duquel un second mariage a été contracté (art. 188); 2° les ascendants et le conseil de famille.

L'intérêt qu'ont les ascendants est manifeste : gardiens de la famille, ils doivent pouvoir détruire une union qui en amoindrirait l'honneur ou la dignité. La loi, afin de n'apporter aucune entrave à l'exercice de ce droit, per-

(1) Cpr., art. 186 ; Locré, *Lég.*, 4, p. 365, n° 43 ; Poth., *Op. cit.*, n° 443.

met aux ascendants d'agir alors même qu'ils ont donné leur consentement au mariage. Une seule exception est faite à ce principe, dans le cas d'un mariage contracté par un impubère : les ascendants qui y ont consenti ne peuvent plus l'attaquer (art. 186). Cette exception prouve la généralité de notre régle ; l'art. 187, qui parle d'un intérêt précuniaire né et actuel, ne saurait l'infirmer : cet article ne mentionne pas les ascendants, et, dans tous les cas, il est clair que l'intérêt des ascendants est né, est actuel, moralement parlant (art. 184 et 191).

L'action en nullité appartient aux ascendants de l'un ou de l'autre époux, sans distinguer si les époux sont ou non tous les deux coupables : les textes ne font, en effet, aucune distinction.

Mais elle n'appartient pas concurremment à tous les ascendants : ils l'exerceront dans le même ordre successif que le droit de consentir ou de s'opposer au mariage (art. 148, *sq*, et 173). Il est vrai que la nature particulière de cette nullité et les termes généraux des articles 184 et 191 sont favorables à l'opinion contraire. Cependant, nous ne croyons pas que le législateur ait entendu s'écarter, sans le dire formellement, de la hiérarchie établie partout entre les parents lorsqu'il s'agit pour eux d'exercer les attributs les plus précieux de la puissance paternelle (1) L'art. 186, énumérant les parents qui ne peuvent plus demander la nullité du mariage d'un impubère, nous rappelle que la loi a voulu conserver ici la hiérarchie ordinaire (2).

(1) Cbn. les art. 142, 148, 150, 172, 402. — (2) MM. Duranton, 2, n° 317 ; Demolombe, 3, n° 303.

Le conseil de famille peut également proposer les nullités absolues ; il est, de même que les autres parents, intéressé à conserver l'honneur et les bonnes mœurs de la famille, et rentre dès lors dans les termes de l'article 184. L'art. 186, refusant à certains parents *et à la famille* le droit d'agir en nullité dans un cas spécial, reconnaît implicitement que le conseil de famille a ce droit dans tous les autres cas.

Les personnes pécuniairement intéressées à attaquer le mariage sont : 1° les créanciers auxquels l'existence du mariage pourrait causer un préjudice (art. 217, 2121); 2° les enfants d'un premier lit; 3° les collatéraux. On a voulu contester ce droit aux créanciers, en se fondant sur l'art. 187. Cet article exige, dit-on, que l'intérêt pécuniaire où l'on puise le droit d'agir soit un intérêt *héréditaire*, né et actuel; il limite ainsi la portée de l'art. 184, et n'accorde l'action en nullité qu'aux enfants du premier lit et aux collatéraux. Cette interprétation est inexacte. L'art. 184 pose, en effet, un principe général : *tous ceux qui ont intérêt* peuvent demander la nullité. Vient ensuite l'art. 187, qui, s'occupant particulièrement des collatéraux et des enfants du premier lit, décide que leur intérêt doit être un intérêt de succession pour qu'ils aient le droit d'attaquer le mariage. L'art. 187 ne détruit donc pas le principe général de l'art. 184, mais en détermine les conditions d'application dans une hypothèse spéciale (1). On comprend, du reste, que la loi se soit expliquée relativement aux héritiers présomptifs, trop enclins à attaquer un mariage qui leur enlève ou diminue leurs attentes.

(1) M. Valette, *Sur Proudh.*, 1, p. 428, note *b*.

Il faut donc, pour que les enfants du premier lit et les collatéraux agissent en nullité, que la succession des époux soit ouverte, c'est-à-dire que l'un ou l'autre d'entre eux soit décédé. Toutefois, il peut arriver que les enfants du premier lit ou les collatéraux aient un intérêt né et actuel à attaquer le mariage même du vivant des époux: la formule de l'art 187 : « du vivant des époux », n'est qu'énonciative, et les mots : « un intérêt né et actuel », en déterminent la portée (1).

La loi, pour frapper plus sûrement ces mariages, contraires à l'ordre public et aux bonnes mœurs, a chargé le ministère public d'en demander lui-même la nullité (art. 184). Mais c'est l'existence de pareils mariages qui produit le scandale; du moment qu'ils n'existent plus la société n'est plus intéressée à les attaquer. Par conséquent, c'est du vivant des époux seulement que le ministère public peut agir (art. 190) (2). Il en est de même lorsque le conjoint au préjudice duquel un nouveau mariage a été contracté vient à mourir : il n'y a plus alors ni bigamie, ni adultère, et, malgré la lettre de l'art. 150, nous croyons que l'esprit de la loi empêche le ministère public d'agir (3).

L'art. 190, qui fait allusion au mariage des impubères, à la bigamie et à l'inceste, dit que le ministère public *peut* et *doit* dans ces cas, demander la nullité du mariage; l'art. 191, qui s'occupe du défaut de publicité et de l'incompétence, dit, simplement qu'il *peut* l'attaquer. De cette

(1) Demante, 1, n° 270 *bis*, 2.—(2) Les États-Unis d'Amérique vont beaucoup plus loin et ôtent à toute personne le droit d'attaquer le mariage après la mort des époux (art. 22). — (3) MM. Duranton, 2, n° 330; Demolombe, 3, n° 310.

différence de langage on a conclu que dans le premier cas le ministère public est obligé d'agir, tandis que dans le second il est libre de le faire ou de ne pas le faire. Cette conclusion ne nous semble pas fondée. Dans les deux cas, la loi laisse au procureur impérial la faculté de provoquer ou non la nullité, selon qu'il le juge convenable; cela résulte du mot *peut* employé et par l'art. 190 et par l'art. 191. Quant au mot *doit*, voici son explication la plus naturelle : le ministère public, à la différence des enfants du premier lit et des collatéraux, qui ne peuvent ordinairement agir qu'après le mort des époux, peut exercer son action du vivant des époux, de même que les ascendants, le premier conjoint et les créanciers ; mais, à la différence de ces derniers dont l'action survit à la mort des époux, il *doit* agir du vivant de ceux dont il attaque le mariage (1).

Le ministère public, qui a le droit de demander l'annulation de tout mariage entaché d'une nullité absolue, n'est pas autorisé cependant à agir en appel pour faire réformer un jugement qui aurait prononcé la nullité contrairement à ses conclusions. Aucun texte ne lui accorde ce pouvoir, et sans texte nous ne pouvons pas le lui reconnaître, car la faculté d'agir en nullité n'implique pas celle d'agir en validité. L'argument qu'on voudrait tirer, pour soutenir l'opinion contraire, de la seconde partie de l'art. 46 de la loi du 20 avril 1810, n'est pas concluant; car, d'après la première partie de cet article, le ministère public ne peut agir en matière civile « que dans les cas spécifiés par la loi», et aucune loi ne lui accorde le pouvoir que nous lui refusons (2).

(1) Zach., Aubry et Rau, 4, § 461, note 23.— (2) M. Demolombe, 3, n° 312.

§ III. *Les nullités absolues sont-elles susceptibles d'être couvertes?*—En principe, ces nullités ne sont susceptibles de se couvrir ni par une ratification quelconque ni par le laps de temps. Nous trouvons cependant un cas où elles sont couvertes, et plusieurs fins de non-recevoir peuvent être opposées à la personne qui demande la nullité du mariage. Remarquons toutefois que les fins de non-recevoir n'ont qu'un effet relatif, et que les autres personnes auxquelles elles ne sont pas opposables continuent de jouir du droit d'attaquer le mariage.

Parlons d'abord de la nullité fondée sur le défaut d'âge. C'est la seule nullité absolue qui puisse être couverte, et elle peut l'être de deux manières (art. 185) :

a) Lorsqu'il s'est écoulé six mois depuis que l'époux ou les époux impubères ont atteint l'âge compétent pour contracter mariage (art. 144). Ainsi, en supposant les deux conjoints impubères, la nullité disparaîtra définitivement six mois après que le plus jeune sera parvenu à la puberté. La ratification, expresse ou tacite, consentie par les époux devenus pubères, mais avant l'expiration des six mois, ne saurait avoir aucun effet : la loi a soigneusement déterminé les deux manières dont cette nullité peut être couverte, et il n'est pas permis d'en créer d'autres (1) ;

b) Lorsque la femme impubère a conçu avant l'échéance de six mois depuis sa puberté. Supposons que la femme a quatorze ans au moment de son mariage : jusqu'à quinze ans et demi son mariage peut être atta-

(1) M. Valette, *Sur Proudh.*, 1, p. 430, note *a*; Demante, 1, n° 268 *bis*, 1

qué; mais si, dans l'intervalle de ces dix-huit mois, elle devient enceinte, avant ou pendant l'instance (1), la nullité du mariage s'efface. Toutefois la grossesse de la femme ne couvre pas la nullité fondée sur le défaut d'âge du mari : il faut que l'épouse soit impubère et le mari pubère, car c'est de l'épouse *qui n'avait pas l'âge compétent* que s'occupe le 2° de l'art. 185. S'il en était autrement, la femme pubère trouverait dans l'adultère le moyen de valider son mariage.

Dans les deux cas précédents, la nullité est couverte à l'égard de tout le monde. L'art. 186 nous donne l'exemple d'une simple fin de non-recevoir, opposable seulement à certaines personnes déterminées. Ainsi le père, la mère, les ascendants ou le conseil de famille, *qui ont consenti* au mariage d'un impubère, ne sont point recevables à en demander la nullité, « car il ne faut pas, comme disait Portalis, qu'ils puissent se jouer de la foi du mariage après s'être joué des lois (2). » Remarquons que cette fin de non-recevoir est opposable à ceux-là seulement qui ont consenti et qui avaient le droit de consentir au mariage. Les autres parents peuvent donc attaquer le mariage quoiqu'ils l'aient approuvé ou qu'ils aient assisté à sa célébration. Observons en outre que la loi, refusant dans ce cas particulier l'action en nullité aux parents, la leur accorde implicitement dans tous les autres cas.

Les ascendants qui n'ont pas consenti au mariage d'un impubère ont deux actions en nullité : l'une fondée

(1) Zach., Aubry et Rau, 4, § 461, note 32. — (2) Locré, *Lég.*, 4, p. 513. n° 47.

sur le défaut de consentement (art. 182); l'autre, sur le défaut d'âge de l'enfant. Cette dernière peut leur être utile: 1° lorsque l'action fondée sur l'art. 182 est prescrite; 2° lorsque les parents qui ont consenti au mariage sont morts et remplacés par d'autres; 3° dans le cas où l'ascendant aurait donné son consentement par suite d'une erreur sur l'âge de l'enfant (1).

La nullité fondée sur l'inceste ne peut être écartée par aucune fin de non-recevoir, et elle n'est pas susceptible de se couvrir par la prescription. La possession d'état également ne fait disparaître que les vices extrinsèques, et non les vices intrinsèques, dont le mariage est entaché (art. 196).

Les dispenses obtenues après la célébration d'un mariage nul pour cause d'impuberté, de parenté ou d'alliance, ne le rendent pas valable. L'art 184 ne fait pas cette exception (2).

La nullité résultant de la bigamie n'est effacée ni par la possession d'état, ni par la prescription trentenaire, ni par la prescription de l'action publique à laquelle le crime de bigamie donne naissance. Les art. 637 et 638 du Code d'instruction criminelle s'occupent de l'action civile qui a pour but d'obtenir des dommages-intérêts; ils n'ont donc aucune application dans notre matière. La mort même du premier époux laisse subsister cette nullité, absolue et perpétuelle.

Cependant, la demande en nullité fondée sur la bigamie peut être combattue par une fin de non-recevoir tirée de la nullité du premier mariage, laquelle doit être

(1) M. Valette, *Sur Proudh.*, 1, p. 438, note *a*. — (2) M. Demolombe, 3, n° 334.

jugée préalablement (art. 189). Il y a donc là une question préjudicielle, et non une fin de non-recevoir; elle peut, en conséquence, être invoquée par tous ceux qui ont intérêt à soutenir la validité du second mariage, sans distinguer si la nullité du premier était absolue ou relative; mais, bien entendu, on ne saurait plus s'en prévaloir si la nullité était déjà couverte (1).

La nullité fondée sur le défaut de publicité ou sur l'incompétence ne peut disparaître d'aucune manière (art. 191); elle sera cependant écartée dans un cas spécial; ainsi, lorsque, par suite de la possession d'état des époux, le mariage est devenu notoire, la demande en nullité, s'appuyant sur une clandestinité qui n'existe plus, pourra être repoussée par les tribunaux, en vertu du pouvoir discrétionnaire que leur donne l'art. 193 (2).

La demande en nullité formée par une personne pécuniairement intéressée à attaquer le mariage n'est plus recevable lorsque cette personne a renoncé à ses droits, ou qu'ils ont été prescrits : *cessante causa, cessat effectus.*

SECTION III. — *Des effets de l'annulation du mariage.*

Lorsque l'homme et la femme se marient nonobstant l'existence d'un empêchement dirimant, ils font un acte dépourvu, en général, de tout effet juridique (art. 201-202). Le jugement qui en proclame publiquement l'annulation constate simplement ce fait, et détruit rétroactivement tous les résultats qu'aurait produits un mariage valable. Ainsi, les enfants ne jouissent pas du bénéfice de

(1) M. Demolombe, 3, nos 330 à 332. — (2) Marcadé, 1, no 660.

la légitimité : ils sont naturels simples, adultérins ou incestueux (1) ; il n'existe ni époux ni épouse, et les donations qui auraient été faites, soit par les tiers aux époux, soit par les conjoints l'un à l'autre, sont réputées non avenues (art. 1088). Il en est de même des conventions matrimoniales, et, si une société de biens a existé de fait entre les époux, elle sera réglée conformément aux principes des sociétés ordinaires.

Cependant, à côté de cette idée il s'en place une autre qui en limite la portée. Sans doute un mariage annulé est réputé n'avoir jamais existé; mais il n'en est pas moins vrai qu'en fait un lien s'était formé entre l'homme et la femme, et que ce lien a réellement duré pendant quelque temps ; il est donc impossible de ne pas en tenir compte. Aussi, nous pensons que la femme dont le mariage a été annulé ne peut, pas plus que la veuve, convoler à d'autres noces avant l'expiration du délai de dix mois, depuis le jugement d'annulation (art. 228). De même, les enfants nés pendant ce mariage ou dix mois après son annulation (art. 312 à 315), quoique illégitimes, peuvent établir leur filiation comme s'ils étaient légitimes (2). Il est vrai que la loi ne permet qu'à l'enfant légitime de prouver sa filiation par son acte de naissance (art. 319), que la recherche de la paternité naturelle est interdite (art. 340), et que, pour la recherche de la maternité, il faut un commencement de preuve par écrit (article 341) ; mais nous ne croyons pas que le législateur,

(1) Le Code autrichien dispose que les époux dont le mariage a été annulé sont tenus, envers leurs enfants, aux mêmes devoirs que si le mariage était valide (art. 102). Nous pensons que ce principe est conforme à la justice et à l'utilité sociale. — (2) Zach., Aubry et Rau, 4, § 45[illegible].

en écrivant ces dispositions, ait eu en vue le cas qui nous occupe. S'il a apporté des obstacles à la recherche de la paternité ou de la maternité, c'est afin de garantir la paix et la sécurité des familles : or, ce motif n'existe pas dans notre hypothèse. Le mariage annulé n'en a pas moins existé jusqu'au jour de l'annulation ; ce fait est certain, rien ne peut l'effacer, et nous n'apercevons pas l'inconvénient qu'il y aurait à permettre aux enfants d'établir leur filiation, comme s'ils étaient légitimes. La recherche de la paternité est permise dans le cas d'enlèvement, lorsque l'époque de cet enlèvement se rapporte à celle de la conception (art. 340); or, l'existence d'un mariage annulé est une preuve beaucoup plus décisive que l'enlèvement. La loi suppose qu'il y a des cas où la filiation, même adultérine et incestueuse, sera légalement établie (art. 762 à 764), quoique la reconnaissance volontaire d'enfants nés de pareilles unions soit défendue (art. 335) ; ne peut-on donc admettre que l'un de ces cas soit justement celui où le mariage a été annulé comme entaché d'inceste ou de bigamie (1).

L'annulation du mariage entraîne la cessation de l'alliance, *affinitatis causa fit ex nuptiis*.—Les anciens époux pourront se remarier ensemble lorsque l'empêchement dirimant cessera d'exister. La loi n'a pas reproduit ici la défense qu'elle avait faite aux époux divorcés (art. 295) (2).

Le mariage étant annulé, les époux ne sont pas libres

(1) M. Demolombe, 3, n° 345. — (2) La législation bernoise contient, à cet égard, une disposition bizarre. Elle permet aux époux divorsés de se remarier ensemble, tandis qu'elle le défend à ceux dont le mariage a été annulé, fussent-ils de bonne foi, c'est-à-dire que cette législation fait le contraire de ce qu'elle aurait dû faire (art. 76 et 141).

de convoler à de secondes noces avant l'expiration des délais d'appel ou de pourvoi en cassation. Cette décision est contraire aux principes, mais elle nous semble ressortir des art. 264 et 265, relatifs au divorce, car il y a absolument mêmes motifs pour les appliquer à notre hypothèse (1).

SECTION IV. — *Des mariages putatifs.*

L'annulation du mariage, par les effets qu'elle entraîne, est un mal souvent irréparable pour la femme et sa famille, et qui fait retomber sur les enfants la faute de leurs parents; mais ce mal est nécessaire, il combat un autre mal dont les conséquences seraient plus funestes encore. Que deviendraient, en effet, tous les sentiments d'honneur, de respect et de dignité dont nous entourons la famille, si l'erreur ou la violence, la bigamie ou l'inceste, pouvaient lui donner naissance? Le défaut du consentement des parents, l'impuberté, la clandestinité, ne présentent pas, il est vrai, de si grands dangers, et peut-être eût-il mieux valu placer ces vices dans une catégorie à part; mais enfin, ici encore, le législateur a été amené à prononcer la nullité par suite de considérations très-puissantes.

Cependant, si la loi, dans tous ces cas, prononce la nullité du mariage, sans distinguer si les époux étaient de bonne ou de mauvaise foi, ne fallait-il pas tenir compte de cette distinction, au moins pour assurer aux conjoints ou au conjoint de bonne foi et à ses enfants toutes les conséquences, pécuniaires ou autres, qui sont

(1) M. Demolombe, 350

attachées au mariage légitime? Pouvait-on, sans la plus flagrante injustice, mettre absolument sur la même ligne ceux qui ont violé la loi en connaissance de cause et ceux qui l'ont violée parce qu'ils l'ignoraient? N'aurait-on pas encouragé, de cette manière, les entreprises de l'homme qui séduirait une femme par un mariage dont il demanderait immédiatement la nullité?

La loi française, aussi morale qu'équitable, a parfaitement compris ces différentes situations, et elle a reproduit la théorie des mariages putatifs entrevue par le droit romain, développée par le droit canonique et proclamée par l'ancien droit. Elle efface donc presque complétement le mariage contracté de mauvaise foi, au mépris d'un empêchement dirimant; mais elle garantit aux époux de bonne foi tous les avantages qu'ils auraient retirés d'une union légitime dissoute par le divorce : elle amoindrit ainsi le malheur qui frappe la famille dans ce dernier cas, et rend un juste hommage à l'innocence et à la loyauté.

Toute la théorie de la loi se résume en deux articles : « Le mariage qui a été déclaré nul, produit néanmoins les effets civils, tant à l'égard des époux qu'à l'égard des enfants, lorsqu'il a été contracté de bonne foi (article 201). »

« Si la bonne foi n'existe que de la part de l'un des deux époux, le mariage ne produit les effets civils qu'en faveur de cet époux et des enfants issus du mariage (art. 202). »

Ces articles très-précis nous paraissent d'une grande clarté; ils ont cependant donné lieu à beaucoup de controverses, dont la plupart, il faut l'avouer, proviennent de ce qu'on ne tient pas suffisamment compte du texte ou de l'esprit de la loi. Nous en parlerons dans les développements que nous donnerons sur ces points principaux : Quand y a-t-il un mariage putatif, et quels en sont les effets?

§ 1. *Quand y a-t-il mariage putatif?* — Plusieurs auteurs enseignent que le mariage putatif ne peut exister que s'il s'agit d'un mariage annulable, et que le mariage nul ne peut jamais jouir des priviléges attachés au premier. Ainsi, dit-on, s'il y a eu absence du consentement des parents, violence, erreur, impuberté, existence d'un premier mariage, absence de publicité ou incompétence de l'officier civil, le mariage sera cassé ; mais les époux ou l'époux de bonne foi jouiront de tous les effets civils que le mariage aurait produits s'il eût été valablement contracté. Que s'il y a eu, au contraire, absence complète du consentement des époux ou si la célébration s'est accomplie devant une autre personne que l'officier de l'état civil, ou bien enfin s'il s'agit du mariage d'un mort civilement, quelle que soit la bonne foi de l'une ou de l'autre partie et quelque confiance qu'elle inspire, le mariage sera complétement dépourvu des effets civils.

Avant d'examiner la valeur des arguments qu'on invoque pour soutenir cette distinction, remarquons tout d'abord qu'elle est contraire à la logique. Quelle différence existe-t-il, en effet, au point de vue de la bonne foi, entre les empêchements qui rendent le mariage annulable et ceux qui le rendent nul? Est-ce que l'erreur n'est pas excusable dans un cas comme dans l'autre? La bonne foi peut-elle donc changer de nature, selon qu'elle a porté sur telle ou telle cause de nullité? Le sentiment de la justice et de la pitié a inspiré au législateur les art. 201 et 202; or, comment n'aurait-il pas eu une égale sollicitude pour la femme qui, indignement trompée, a épousé, par exemple, un homme déjà marié, et pour celle qui s'est mariée devant un prêtre? La justice et la pitié ne plaident-elles pas avec la même force en faveur de ces deux infortunées? Quelle serait donc la raison secrète qui aurait déterminé le législateur à distinguer des situations identiques, méritant une égale protection?

La voici d'après les partisans de cette distinction. Le mariage annulable existe légalement jusqu'au moment où les juges en prononcent la nullité, et produit tous les effets ordinaires d'un mariage valable; le législateur a donc pu lui conserver ces effets. Le mariage nul, au contraire, n'a absolument aucune existence juridique, et par conséquent il n'a rien produit, car *prius oportet esse quam operari*. Le législateur n'a donc pas pu conserver ici des effets civils qui n'ont jamais existé.

Il nous semble que cette argumentation n'est qu'une pétition de principe, car il s'agit précisément de savoir si le législateur n'est pas allé jusque-là. Sans doute, le mariage nul n'existe pas aux yeux de la loi, mais il n'en existe pas moins en fait et pour l'époux de bonne foi, dont l'attente est aussi sincère, aussi sérieuse que celle d'un époux légitime. Etait-il au pouvoir du législateur de tenir compte de cette attente? Nous n'apercevons rien qui ait pu l'en empêcher.

Mais, dit-on, la place de nos art. 201 et 202 prouve bien que telle n'a pas été son intention. Ces articles se trouvent, en effet, dans le chapitre 4, et ce chapitre s'occupe exclusivement des mariages annulables. Marcadé a victorieusement répondu à cette objection.

Notre chapitre s'occupe successivement de trois questions: 1° des causes de nullités (art. 180 à 193); 2° des preuves de la célébration du mariage (art. 194 à 200); 3° des mariages putatifs (art. 201 et 202); or, si on prenait à la lettre l'objection qu'on nous fait, s'il était vrai que le chapitre entier ne se référât qu'aux mariages annulables, savez-vous ce qui en résulterait? C'est que les mariages valables ne pourraient pas être prouvés de la manière indiquée dans ce chapitre. On est donc obligé d'admettre que la première partie du chapitre 4 s'occupe des mariages annulables, la seconde de toute espèce de mariage, et la troisième des mariages annulables aussi bien que des mariages nuls.

Le texte même de la loi est favorable à l'opinion que nous soutenons. L'art. 201 parle effectivement de mariage *déclaré nul*, et ces expressions semblent assez larges pour comprendre et le mariage que le juge a reconnu nul et celui qu'il a annulé. Cet article ajoute que le mariage contracté de bonne foi *produit* des effets civils, et il aurait dû dire *conserve* ses effets civils, s'il n'eût entendu s'occuper que des mariages annulables. Il résulte, enfin, même des travaux préparatoires, qu'on n'a voulu apporter aucune restriction à l'application de nos art. 201 et 202(1).

En résumé donc, les mariages nuls, comme les mariages annulables, peuvent être putatifs. La seule condition indispensable exigée par la loi, c'est qu'il y ait eu bonne foi, qu'il y ait eu erreur de droit ou de fait de la part des époux ou de l'un d'eux. C'est aux juges que le législateur a abandonné le pouvoir de décider, selon les circon-

(1) M. Marcadé, 1, n°s 691 et 692; M. Demolombe, 3, n°s 355 et 356.

stances, si l'erreur est le produit d'une pensée raisonnable, si elle est excusable.

Les auteurs qui reconnaissent ces principes arrivent cependant à faire des restrictions que nous avouons ne pas concevoir. Ainsi, selon eux, il ne saurait jamais y avoir bonne foi de la part de ceux qui se marient devant un prêtre ou sans aucune espèce de célébration, ou bien qui allégueraient l'ignorance des empêchements dirimants fondés sur la bigamie ou la mort civile. Mais pourquoi ces restrictions et sur quoi les fondez-vous? Du moment que vous reconnaissez que la bonne foi est une question de fait, et que les magistrats ont, pour la résoudre, un pouvoir discrétionnaire complet, pourquoi venez-vous d'avance, et sans tenir compte du fait, imposer des limites à ce pouvoir appréciateur? Etes-vous *certains* que jamais et dans aucune des hypothèses mentionnées la bonne foi n'apparaîtra claire, manifeste, évidente? Sans doute cela arrivera très rarement, mais enfin le cas peut se présenter : ne préjugez donc rien, et n'empiétez pas sur les attributions des tribunaux.

—Il importe peu, avons-nous dit, que la bonne foi soit le résultat d'une erreur de fait ou d'une erreur de droit. L'oncle et la nièce qui se marient ensemble sans avoir obtenu de dispense (art. 164), soit parce qu'ils ignoraient le lien qui existait entre eux, soit parce qu'ils croyaient possible un pareil mariage, sont également excusables. La loi ne distingue pas, en effet, entre l'erreur de droit ou l'erreur de fait, et le Code Napoléon a soin d'énumérer les cas où il a voulu établir cette distinction (art. 1356, 2052). La maxime *nemo jus ignorare censetur*, vraie en général, n'est pas une règle inflexible ; au reste elle n'est écrite nulle part.

Cependant cette distinction aura une certaine influence relativement à la preuve. Ainsi, lorsque les époux invoquent, pour s'attribuer les effets d'un mariage putatif, une erreur de fait, c'est au demandeur à prouver la mauvaise foi, parce que personne n'est présumé avoir voulu violer la loi (art. 1116). Que si, au contraire, les époux invoquent une erreur de droit, comme toute personne est censée connaître la loi, c'est à eux à démontrer que la présomption de mauvaise foi ne leur est pas applicable (1).

Il suffit que la bonne foi ait existé au moment de la célébration du mariage. La loi ne se préoccupe en aucune façon de la mauvaise foi qui se produirait après coup; il suffit que le mariage *ait été contracté de bonne foi* (art. 201). Le législateur a voulu couvrir de son indulgence ces époux qui, par faiblesse ou par d'autres raisons très-légitimes, ont continué de vivre ensemble après avoir découvert l'erreur dont ils ont été victimes. Les distinctions qu'on voudrait faire à cet égard sont contraires au texte et à la pensée de la loi (2).

§ II. *Quels sont les effets d'un mariage putatif.* — « Le mariage qui a été déclaré nul produit néanmoins les effets civils, s'il a été contracté de bonne foi. » Ainsi, comme un mariage parfaitement valable dissous par le divorce, le mariage putatif, une fois cassé, continue d'avoir tous les effets qu'il a produits ou qu'il aurait pu

(1) MM. Duranton, 2, n° 351; Vazeille, 1, n° 272; Demolombe, 3, n° 359. — (2) Demante, 1, n° 283 *bis*, 3, 5; M. Valette, *Explic. som. du livre* 1, p. 115. — En Portugal, on se montre beaucoup plus sévère : on enlève au mariage tous ses effets, à partir du moment où les époux ont découvert l'existence de l'empêchement (art. 161).

produire depuis sa célébration jusqu'au moment de son annulation; mais il cesse évidemment de faire naître pour l'avenir des effets nouveaux. Occupons-nous, pour plus de clarté, des effets du mariage putatif à l'égard des époux, à l'égard des enfants, à l'égard des tiers.

1° Supposons d'abord que les deux époux ont été de bonne foi : ils conservent alors sur la personne et sur les biens de leurs enfants toutes les attributions ordinaires de la puissance paternelle : droit de garde, d'éducation, de correction, jouissance légale, droit de succéder; et, dans leurs rapports respectifs, tous les droits qui ne sont pas incompatibles avec la dissolution du mariage. Ainsi les donations qu'ils se sont faites, ou celles qu'ils ont reçues des tiers ont leur effet de la même manière que si le mariage avait été valable. Il en est de même des droits des époux sur la communauté ou sur leurs biens personnels : ils se déterminent, se liquident et se partagent comme si le mariage avait été dissous. Le partage de la communauté se fera donc conformément aux règles du Code, s'il y a eu communauté légale, ou bien d'après le contrat de mariage, s'il y a eu communauté conventionnelle. Ces droits seront déterminés d'après l'état où se trouvait la communauté au moment du jugement d'annulation. On a prétendu, il est vrai, qu'il faudrait appliquer ici l'art. 1445, d'après lequel le jugement qui prononce la séparation de biens remonte jusqu'au jour de la demande. C'est là une erreur; l'art. 1445 a pour but de sauvegarder les intérêts pécuniaires de la femme, intérêts qui auraient pu être compromis par le mari dans l'intervalle de la demande en séparation de biens au jour du jugement. Toutes les fois, au contraire, que cette crainte n'existe pas, que la femme se propose d'obtenir simplement le divorce ou la séparation de corps, c'est au moment même du jugement que la loi se place pour régler les questions relatives aux biens des époux (art. 311). Or, il y a absolument mêmes motifs de décision en cas d'annulation.

Le mariage étant déclaré nul, les droits et devoirs entre époux, qui en présupposent l'existence, disparaissent pour l'avenir; la puissance maritale s'éteint, et par conséquent le devoir de respect, d'assistance, de fidélité, l'habitation commune, l'incapacité de la femme (art. 212 à 226). Il en est de même du droit de successibilité accordé au survivant des époux, car c'est au conjoint *non divorcé* que l'art. 767 reconnaît ce droit. Mais évidemment l'époux putatif en jouira si son conjoint est mort avant l'annulation du mariage; et, s'il y a eu bigamie, il partagera la succession par portions égales avec le conjoint légitime, car il est impossible d'y appeler l'un plutôt que l'autre (1).

— Lorsque l'un des époux a été de mauvaise foi, c'est l'époux de bonne foi seul qui peut invoquer les effets civils du mariage (art. 202). C'est donc à ce dernier qu'appartient l'exercice exclusif de la puissance paternelle. Le conjoint de mauvaise foi, que ce soit l'homme ou la femme, en est déchu, ainsi que du droit de succéder à ses enfants. Ces derniers, au contraire, conservent

(1) Marcadé, 1, n° 698.—En Angleterre, lorsque le mariage a été annulé pour cause de bigamie, on ôte à *la femme* la faculté de réclamer ses droits légitimes comme veuve (art. 137). En Bolivie, on va jusqu'à défendre, toujours à la femme, de se remarier pendant dix ans, depuis que son mariage a été annulé (art. 179).

le droit de succéder à l'époux de mauvaise foi : la loi a fait fléchir ici le principe de réciprocité qui existe en matière de succession.

L'époux de bonne foi a seul le droit de réclamer les avantages que l'autre lui avait assurés par son contrat de mariage, et cela alors même que ces avantages auraient été stipulés réciproques (1). En outre, c'est à cet époux à décider que les biens communs seront partagés d'après les règles des sociétés ordinaires, ou bien conformément au contrat de mariage, s'il en existe, ou bien selon les principes de la communauté légale, s'il n'y a pas eu de contrat. Mais cette option, il ne peut pas la scinder, choisir dans telle série de règles les dispositions qui lui sont favorables et rejeter les autres; il prendra l'un ou l'autre parti, et en subira toutes les conséquences. Remarquons que, si c'est la femme qui est de mauvaise foi, elle aura cependant le droit de renoncer à la communauté, ou à la société de fait, si elle le juge à propos. Ce droit découle des pouvoirs illimités accordés au mari comme chef de la communauté, pouvoirs qu'il exerce dans le mariage putatif comme dans le mariage valable (2).

Comment réglerons-nous, en cas de bigamie, les droits respectifs des deux épouses, lorsqu'elles se sont mariées toutes les deux sous le régime de communauté? Voici ce que nous enseigne M. Demolombe : « On liquidera successivement et séparément chacune de ces communautés, en commençant, bien entendu, par la plus ancienne. On en déduira les mises provenant du chef de

(1) MM. Duranton, 2, n° 370; Demolombe, 3, n° 376. — (2) Zach., Aubry et Rau 4, § 460, notes 17 à 18.

l'autre conjoint de bonne foi, et le partage aura lieu comme si aucune autre communauté ne s'était formée en concurrence avec elle. Puis, on en viendra à la seconde communauté, et alors l'époux de bonne foi sera fondé à prétendre que la part attribuée au premier conjoint sur la communauté dissoute a diminué d'autant à son préjudice la communauté à laquelle il avait droit, et il exercera sur les biens de son conjoint une récompense égale à ce préjudice (1). » Que si la seconde femme est de mauvaise foi, les biens seront partagés selon les règles des sociétés ordinaires; elle n'aura, par conséquent, que sa mise et des bénéfices proportionnels.

On s'est demandé si les effets du mariage putatif devaient s'arrêter là, et si l'époux de bonne foi ne pouvait pas s'adresser à la justice pour obtenir des dommages-intérêts de son conjoint de mauvaise foi. Nous pensons qu'il peut puiser ce droit dans l'art. 1382. S'il est donc démontré devant la justice que c'est par suite des manœuvres coupables de l'époux de mauvaise foi que le mariage a été conclu, les juges doivent le condamner à indemniser l'époux induit en erreur. C'est une récompense de plus accordée à la bonne foi, à l'innocence : on lui garantit le passé, en conservant au mariage tous ses effets civils, et on lui garantit l'avenir compromis, en lui attribuant, comme dommages-intérêts, une portion de la fortune du coupable. Il est bien entendu qu'une semblable prétention serait immédiatement repoussée, si les deux conjoints étaient de mauvaise foi. De quoi, en effet, se plaindraient-ils en pareil cas (2)?

(1) M. Demolombe, 3, n° 377. — (2) M. Demolombe, 3, n° 349.

2° A l'égard des enfants, il suffit que l'un des époux ait été de bonne foi pour que le mariage putatif produise des effets civils. Les enfants pourront, par conséquent, réduire les libéralités excessives de leurs père et mère, et celles qui ont été faites avant leur naissance, même par l'époux de mauvaise foi, seront révoquées de plein droit. Ils viendront à la succession de leurs père et mére ou à celle des autres parents; mais, tandis que l'époux de mauvaise foi ne peut pas, réciproquement, succéder à ses enfants, les autres parents jouissent de ce droit, car on ne peut rien leur reprocher.

Le mariage putatif aura-t-il pour effet de légitimer les enfants nés antérieurement à la célébration? L'affirmative résulte clairement de l'art. 201, qui permet aux enfants d'invoquer les effets civils, sans distinguer s'ils sont nés avant ou depuis la célébration. On invoque, pour la négative, l'art. 202, qui ne donne le droit de s'attribuer ces effets qu'aux enfants *issus du mariage* putatif; mais on ne remarque pas que cet article n'est qu'énonciatif relativement aux enfants, et que son but principal a été de punir l'époux de mauvaise foi. S'il en était autrement, il faudrait dire que les enfants peuvent être légitimés d'après l'art. 201, et qu'ils ne le peuvent pas d'après l'art. 202; ce qui serait contradictoire. D'ailleurs, il est trés-probable que l'époux de bonne foi s'est marié précisément pour procurer à ses enfants naturels le bienfait de la légitimation, bienfait qui est une des conséquences les plus importantes du mariage valable. Or, le mariage putatif doit produire, pour l'époux innocent, les mêmes effets qu'un mariage valable; on ne peut donc pas, sans méconnaître ce principe et sans tromper l'attente de cet époux, refuser le bénéfice de la légitimation aux enfants nés avant le mariage putatif.

Il est cependant certain que les enfants adultérins ou incestueux ne jouissent pas du même privilége. Ces enfants ne peuvent être légitimés, alors même que leurs parents contracteraient un mariage valable (art. 331), et il est évident que, si le mariage putatif produit les effets civils d'une union légitime, il ne saurait en produire davantage (1).

3° A l'égard des tiers, le mariage putatif produit également les effets d'un mariage valable ; mais l'époux de mauvaise foi n'a pas le droit de se les attribuer. Ainsi, si c'est la femme qui est de mauvaise foi, elle n'aura pas d'hypothéque légale sur les biens de son époux, et elle ne pourra pas opposer aux tiers le défaut d'autorisation maritale. Elle s'en prévaudra seule, au contraire, si c'est le mari qui est de mauvaise foi.

Quant aux donations que les tiers ont faites aux époux ou à l'un d'eux par contrat de mariage, il n'y a aucune difficulté si c'est l'époux de bonne foi qui est donataire : les donations lui seront conservées car son mariage, étant réputé valable, produit tous ses effets ordinaires. Mais que décider si c'est l'époux de mauvaise foi qui est donataire? Pourra-t-il retenir les donations qui lui ont été faites, quoique le mariage soit, quant à lui, réputé inexistant? Nous le croyons. Les donations de biens à venir ou de biens présents et à venir sont censées faites en faveur des époux et des enfants, virtuellement compris, de par la loi, dans toute institution contractuelle

(1) Zach., Aubry et Rau, 4, §460, notes 11 et 12.

(art. 1082). Les donations de biens présents sont également faites plutôt en faveur du mariage que dans l'intérêt exclusif de l'un des époux. S'il en est ainsi, il en résulte nécessairement que les donations seront maintenues, la mauvaise foi de l'un des époux ne devant jamais nuire aux enfants (art. 202). Pour les mêmes motifs, il faut décider que les donations faites aux tiers seront révoquées par la survenance d'un enfant, alors même que le donateur serait l'époux de mauvaise foi (1).

(1) Zach., Aubry et Rau, 4, § 460, notes 20 et 21.

POSITIONS.

DROIT ROMAIN.

I. Le consentement et la *deductio* sont deux éléments constitutifs du mariage.

II. La loi 55, § 1, D., *De ritu nuptiarum*, a été altérée.

III. Les lois 3 et 16, § 1, D., *De rit. nupt.*, peuvent être conciliées, ainsi que les lois 12, § 4, *fine*, et 55, § 1.

IV. Le mariage contracté au mépris de la loi Julia n'était pas frappé de nullité avant le sénatus-consulte de Marc-Aurèle.

V. La dot ne peut pas, en général, être *rendue* par le mari à sa femme durant le mariage. Quel est le sens de cette règle, ainsi que des exceptions qu'elle reçoit? — Il faut admettre l'interprétation proposée par M. Franck.

VI. Pour qu'il y ait obligation *corréale*, il faut que l'action qui appartient au créancier soit une *condictio;* si le créancier n'a qu'une action de bonne foi ou une action *in factum*, il n'y a que simple solidarité.

DROIT CIVIL FRANÇAIS.

VII. L'engagement dans les ordres sacrés ou les vœux monastiques ne constituent aucun empêchement au mariage.

VIII. Le domicile matrimonial est, soit au domicile ordinaire, soit au domicile que les futurs époux ont acquis par six mois de résidence.

IX. La compétence de l'officier civil est territoriale, et non personnelle.

X. Le ministère public ne peut pas s'opposer au mariage.

XI. L'erreur sur la personne physique, ainsi que l'erreur sur les qualités, rend le mariage annulable. Le juge a un pouvoir discrétionnaire pour décider dans quels cas l'erreur sur les qualités doit entraîner la nullité.

XII. Que le mariage soit nul ou annulable, il peut être putatif, s'il y a bonne foi de la part des époux ou de l'un d'eux.

PROCÉDURE CIVILE.

XIII. La tierce opposition n'est pas obligatoire, mais

elle est souvent le seul moyen qu'on puisse employer pour prévenir le préjudice qui, nonobstant l'art. 1351 du Code Napoléon, pourrait résulter de l'exécution du jugement.

XIV. Les juges ont, en général, le pouvoir d'accorder des délais de grâce, alors même que le créancier est muni d'un titre exécutoire.

DROIT PÉNAL.

XV. La même peine est applicable au complice et à l'auteur principal. Mais lorsqu'il y a une aggravation de peine pour l'auteur principal, fondée uniquement sur sa qualité individuelle, cette aggravation ne s'applique pas au complice.

XVI. L'action publique et l'action civile résultant d'un crime se prescrivent, sans distinction, par dix ans révolus.

DROIT DES GENS.

XVII. Le mariage que le Français a contracté à l'étranger, en contravention à l'art. 170 du Code Napoléon, ne peut être annulé que dans les cas où il pourrait l'être s'il avait été contracté en France.

XVIII. Le Français qui s'est marié à l'étranger doit, trois mois après son retour en France, faire transcrire l'acte de célébration sur le registre public du lieu de son domicile. La sanction de cette formalité n'est pas la nullité du mariage.

XIX. L'étranger légalement divorcé dans son pays peut se remarier en France.

HISTOIRE DU DROIT.

XX. L'origine des fiefs se trouve dans les mœurs germaniques.

XXI. La noblesse française a son origine dans les relations féodales du moyen âge.

XXII. Le principe de la personnalité des lois s'établit par suite de l'habitude où étaient les Germains de respecter les lois des anciens habitants dont ils conquéraient le pays.

Vu par le Président de la Thèse,
DUVERGER.

Vu par le Doyen de la Faculté,
C.-A. PELLAT.

Permis d'imprimer ;

Pour le Vice-Recteur,
L'Inspecteur de l'Académie.
H. SONNET.

TABLE DES MATIÈRES.

DROIT ROMAIN.

DROIT FRANÇAIS.

LOIS

www.ingramcontent.com/pod-product-compliance
Ingram Content Group UK Ltd.
Pitfield, Milton Keynes, MK11 3LW, UK
UKHW020450200726
13857UKWH00002B/651

9 782011 915382